AF394925

PROCÈS-VERBAL

DE CE QUI S'EST PASSÉ

AU PARLEMENT,

Touchant les six Arrêts du Conseil

Du 30 Août 1777,

CONCERNANT LA LIBRAIRIE,

Avec les comptes rendus à leur sujet.

Comme les Libraires de Paris n'ont pas eu communication des tous les moyens fournis par quelques Libraires de Province à M. l'Avocat-Général, & qu'eux-mêmes avoient omis quelques-uns de leurs moyens, on a cru entrer dans l'esprit de ce Magistrat & de la Cour, en ajoutant au compte rendu quelques Notes relatives à ces deux objets.

PROCÈS VERBAL

De ce qui s'eſt paſſé au Parlement touchant les ſix Arrêts du Conſeil du 30 Août 1777 concernant la Librairie;

Avec les Comptes rendus à leur ſujet.

DU VENDREDY

23 Avril 1779 du matin,

TOUTES LES CHAMBRES ASSEMBLÉES.

Monsieur le Président Lefevre d'Ormesson :

CE jour, à l'iſſue de la ſeconde Audience, toutes les Chambres aſſemblées, Monſieur le Préſident Lefevre a dit, que Meſſieurs ſe rappelloient l'objet pour lequel l'Aſſemblée avoit été remiſe le 23 Mars dernier à ce jour d'hui.

A l'inſtant celui de Meſſieurs qui avoit propoſé la Délibération le 23 Mars, a dit :

Monsieur,

La Littérature & la Librairie fleuriſſoient à l'abri des Loix, dont la juſte ſévérité réprimoit le brigandage des Contrefacteurs.

Les Auteurs ſe croyoient propriétaires des Ouvrages qu'ils avoient créés, & les Libraires, de ceux qu'ils avoient acquis. Un principe auſſi ſimple avoit pour lui le droit naturel, le ſentiment intérieur, l'opinion générale, des Edits enregiſtrés, les Arrêts de la Cour, un Réglement, fameux Ouvrage de M. d'Agueſſeau, non revêtu, à la vérité, de Lettres Patentes, mais deſtiné à l'être, l'expérience enfin & le ſuccès. On ne perdoit plus ſon tems à le prouver, ce principe ſi précieux aux Lettres; c'étoit une vérité élémentaire qui repoſoit au nombre des Maximes de l'Etat : mais il n'eſt point de Maximes qui, dans un ſiécle ami des nouveautés, tiennent contre l'abus de l'eſprit & les erreurs du pouvoir. La Littérature & la Librairie l'éprouvent : la propriété des Auteurs n'eſt plus qu'une grace; celle des Libraires n'eſt plus qu'un fantome dans le département de la Juſtice : l'eſprit s'eſt appliqué à les combattre, le pouvoir à les détruire, & le nom chéri du Roi prêtant à leurs efforts ſon autorité reſpectable, ils ont réuſſi au moins pour un tems : ce ſera, même après le retour aux principes, une triſte époque pour les Libraires; mais ils n'ont pas déſeſpéré des Loix, & je viens, animé du même ſentiment, déférer à la Cour ſix Imprimés concernant la Librairie, ayant tous pour titre, *Arrêts du Conſeil.* Ils ſont tous ſix ſous la date du 30 Août 1777.

A

Le premier de ces Arrêts étoit un Réglement de discipline pour les Compagnons Imprimeurs.

Il rappelloit & confirmoit les dispositions du titre V du Réglement de 1723, assujettissoit les Compagnons à plusieurs formalités dispendieuses tombées en désuétude, & de plus, leur imposoit l'obligation de porter toujours, au lieu d'un Billet de leur Maître, exigé par le Réglement, un Cartouche sur parchemin, timbré du sceau de la Communauté, signé des Syndic & Adjoints, expédié au Bureau de la Chambre Syndicale, moyennant 1 liv. 10 sols; rétabli, s'il s'égaroit, moyennant 15 sols; sujet au visa des Syndics & Adjoints, à chaque mutation de Maître, moyennant 1 livre 4 sols.

Cet impôt a paru onéreux aux Compagnons Imprimeurs; l'idée de ce Cartouche les a blessés; ils ont refusé de se conformer au Réglement: on n'a pas insisté, & ce premier Arrêt est demeuré sans exécution.

Le second portoit établissement de deux ventes publiques, l'une, du 15 au 30 Novembre, l'autre, du 15 au 31 Mai de chaque année, au plus offrant & dernier enchérisseur, des fonds de Librairie, parties de fonds, Privileges, ou portions d'iceux, soit de Paris ou des Provinces, les Libraires de Province & même étrangers admis concurremment aux achats avec ceux de Paris.

Le préambule de cet Arrêt en expliquoit les principes.

On y disoit que l'état actuel de la Librairie exigeoit des encouragemens;

Que deux ventes publiques rendroient les échanges plus faciles, & les négociations plus actives, donneroient aux fonds de Librairie la juste valeur que produit toujours la concurrence, assureroient aux acheteurs un bénéfice plus considérable que celui des remises accordées dans les traités particuliers, ne laisseroient pas craindre aux vendeurs la perte considérable éprouvée jusqu'à présent dans la vente des fonds, diviseroient naturellement les Privileges par toutes les Provinces, feroient des acquéreurs autant de surveillants intéressés à s'opposer aux contrefaçons, feroient cesser la rivalité de la Librairie de Paris & des Provinces, la tourneroient même au profit de cette branche importante de commerce, & formeroient de tous les Libraires une seule famille unie par l'intérêt, appellée aux mêmes négociations, participante aux mêmes graces.

Tels étoient les principes de l'Arrêt du Conseil: je ne m'attacherai point à les discuter; un seul fait y répondoit d'avance; ce fait est que les ventes des fonds de Librairie ne se font qu'à crédit: or, un homme libre qui vend, ne fait crédit qu'aux personnes qu'il aime ou qu'il connoît; aussi, Monsieur, ce deuxieme Arrêt est-il resté sans exécution comme le premier.

Le troisieme a pour objet de régler les formalités à observer pour la réception des Libraires & Imprimeurs.

Il est composé de onze Articles; les neuf premiers & le onzieme reprennent, avec des changements peu remarquables, les formalités prescrites, les épreuves exigées par le titre VI du Réglement de 1723. Le dixieme annonce un nouveau Tarif des droits de réception, arrêté par M. le Garde des Sceaux, pour être envoyé dans chaque Chambre Syndicale.

Cet Article, Monsieur, mérite attention. En 1723 il s'agissoit également de fixer les droits de réception des Libraires & Imprimeurs; mais le tarif n'en fut pas réservé à M. d'Armenonville, qui tenoit les Sceaux : il fut fixé en préfence du Roi par les Articles XLV & XLVI du Réglement ; encore moins a-t-on penfé en 1723, que le premier Magiftrat du Royaume pût difpofer arbitrairement d'une partie de ces droits de réception. En 1777 on n'a plus penfé de même. Je ne veux accufer ni offenfer perfonne ; mais mon devoir eft d'expofer les faits.

Le tarif annoncé a paru le 8 Août 1778, c'eft-à-dire au bout d'un an. Il ne paroît pas avoir été délibéré au Confeil : les droits ont été augmentés ; & l'excédent des nouveaux fur les anciens doit être verfé dans la caiffe établie par l'Article IX de l'Arrêt du Confeil portant Réglement fur la durée des Privileges. C'eft ainfi que s'en eft expliqué le Directeur de la Librairie dans fa Lettre d'envoi du tarif en queftion aux Officiers de la Communauté. Or, cette caiffe, fuivant l'Article cité par cette Lettre, doit demeurer fous la garde des Syndic & Adjoints à la difpofition de M. le Garde des Sceaux, *pour les émolumens*, eft-il dit dans l'Arrêt, *des Infpecteurs & autres perfonnes prépofées à la manutention de la Librairie*. Sur quoi j'obferverai que ces émolumens ne font encore fixés par aucune Loi, ou Réglement, ou Tarif connu, & j'ofe dire que je l'obferve par néceffité, fans haine, fans paffion, uniquement dans l'efpérance que ma remarque, fi la Cour en fait ufage, en impofera à l'avidité licencieufe des fubalternes : *non odio adductus alicujus, fed fpe refecandæ libidinis*.

Je me fuis procuré une copie tant de la lettre d'envoi du nouveau tarif, que du bordereau envoyé par le Directeur de la Librairie à la Chambre Syndicale, pour favoir quelle fomme de chaque réception doit entrer dans la caiffe laiffée aux ordres de M. le Garde des Sceaux. Je laifferai ces deux copies fur le bureau : il eft au pouvoir de la Cour d'en conftater la fincérité : elle y verra que ces fommes provenant de la différence des nouveaux droits aux anciens, font, en Librairie, pour les fils de Maîtres, de 153 liv. 16 fols ; pour les gendres, de 214 liv. 12 fols ; pour les apprentifs, de 504 liv. 12 fols : en Imprimerie, pour les fils de Maîtres, de 127 livres ; pour les gendres, de 177 liv. 16 fols ; pour les apprentifs, de 578 livres 18 fols. Je ne parle à Monfieur que de la Capitale : la différence des anciens & nouveaux droits pour les Provinces ne m'eft pas connue.

Le quatrieme Arrêt porte fuppreffion & création de différentes Chambres Syndicales dans le royaume. On y fixe le nombre des Chambres Syndicales du royaume à vingt, & l'on y regle les formalités à obferver pour les élections des Syndics, les vifites des Infpecteurs, la vente des livres après décès, l'ouverture des ballots.

Les principes de cet Arrêt font, qu'il eft dangereux de laiffer fubfifter les Imprimeries ifolées dans un état d'indépendance propre à faciliter les abus, & qu'il eft néceffaire d'établir l'uniformité dans les opérations qu'exige la manutention de la Librairie & de l'Imprimerie.

Les Libraires obfervent que cet Arrêt affujettit dans l'intérieur du royaume, les envois de Paris, à des vifites difpendieufes pour les Libraires, fatigantes pour les livres, inutiles pour le bon ordre, étant notoire que les livres prohibés ne s'impriment point dans la Capitale, ou ne s'y impriment qu'en très petit nombre, n'y parviennent que difficilement, y font plus chers que dans les Provinces, & l'on n'a point à craindre qu'ils re-

tournent ; tellement que le commerce fouffrira de ce réglement fans aucun bien pour la police.

Ces obfervations des Libraires font-elles bien fondées en Juftice, en
Politique ? Je m'abftiendrai de prévenir à cet égard, comme fur tout le
refte, les délibérations de la Cour : au furplus, je ne vois pas que l'abus,
s'il exifte, intéreffe les paffions humaines : le remede fera moins difficile.

Me voici parvenu aux deux derniers Arrêts concernant la Librairie, à
ceux qui paroiffent combattre le plus ouvertement les droits des Libraires,
des Auteurs, du Public, la Loi, le fens intime. L'un porte réglement fur
la durée des Privileges en Librairie ; l'autre, fur les contrefaçons faites ou
à faire : tous deux font remarquables par leur préambule.

Le préambule du premier, de celui des Privileges, pofe en principe :

Que le Privilege en Librairie eft une grace fondée en Juftice, qu'il eft la
récompenfe du travail de l'Auteur, ou l'indemnité des frais du Libraire ;

Que ces Privileges, différents par leurs motifs, doivent l'être par leur
durée ;

Que l'Auteur a des droits plus étendus, & que ceux du Libraire font
proportionnés au montant de fes avances, & à l'importance de fon entreprife ;

Que la perfection de l'ouvrage exige que le Privilege du Libraire dure
autant que la vie de l'Auteur ;

Qu'accorder un plus long terme, ce feroit convertir une jouiffance de
grace en une propriété de droit, rendre un Libraire feul arbitre à toujours
du prix d'un livre, & refufer aux Libraires des Provinces un moyen légitime d'employer leurs preffes ;

Que pour les Libraires une jouiffance limitée, mais certaine, eft préférable à une jouiffance illimitée, mais illufoire : pour le Public les livres
tomberont à une valeur proportionnée à fes facultés : pour les Gens de
Lettres, ils pourront, après un temps donné, acquérir par des Notes &
des Commentaires fur un Auteur, le droit inconteftable de faire imprimer
le texte ;

Et qu'enfin le Commerce en aura plus d'activité, & les Imprimeurs plus
d'émulation.

Fondé fur ces principes, l'Arrêt que je défere à la Cour, après avoir
établi dans l'article premier la néceffité d'un Privilege pour imprimer ou
faire imprimer les livres nouveaux, défend par le fecond de folliciter la
continuation du privilege, à moins que le livre ne foit augmenté d'un
quart ; &, dans ce cas là même, réferve la faculté d'accorder à d'autres la
permiffion d'imprimer l'ancienne édition non augmentée.

Par le troifieme article, on déclare que les Privileges à l'avenir ne pourront être d'une moindre durée que de dix ans. Par le quatrieme, que le Privilege aura lieu non-feulement pour le temps exprimé, mais encore pendant la vie de l'Auteur, s'il furvit à l'expiration. Par le cinquieme, que
tout Auteur muni d'un Privilege pourra vendre fon Ouvrage chez lui,
qu'il jouira lui & fes hoirs à perpétuité du Privilege qu'il n'aura pas rétrocédé à un Libraire ; mais que tout privilege ainfi rétrocédé fera réduit à la
vie de l'Auteur par le feul fait de la ceffion.

Le fixieme article établit la concurrence illimitée des Libraires & Imprimeurs pour obtenir une permiſſion à l'expiration du Privilege ou à la mort de l'Auteur.

Le ſeptieme ordonne que les permiſſions ſeront expédiées ſur la ſimple ſignature du Directeur de la Librairie, & qu'il ſera donné connoiſſance de ces permiſſions à tous ceux qui en ſolliciteront du même genre.

Le huitieme, dans la crainte poſitivement exprimée que l'obtention de ces permiſſions ne ſoit illuſoire, & qu'on n'en obtienne ſans intention de les réaliſer, veut qu'elles ne ſoient accordées qu'à ceux qui auront payé le montant du droit porté au tarif qui ſera arrêté par M. le Garde des Sceaux.

Le neuvieme décide que le montant de ces droits ſera payé entre les mains des Syndic & Adjoints, ou de leurs Commis à cette recette, leſquels ne pourront s'en deſſaiſir que ſur les ordres de M. le Chancelier ou Garde des Sceaux, pour les émolumens des Inſpecteurs & autres perſonnes prépoſées à la manutention de la Librairie.

Le dixieme article preſcrit l'enregiſtrement des permiſſions dans deux mois ſur les regiſtres de la Chambre Syndicale de l'arrondiſſement.

Le onzieme preſcrit, dans le même délai pour Paris, dans trois mois pour la Province, la remiſe par les Libraires & Imprimeurs de leurs titres de propriété entre les mains de M. de Néville, Maître des Requêtes commis à cet effet, pour, ſur le compte de ce Magiſtrat, leur être accordé par M. le Chancelier, ou Garde des Sceaux, s'il y échet, un Privilege dernier & définif.

Le douzieme Article ôte l'eſpoir d'aucune continuation de Privilege aux Libraires & Imprimeurs qui n'auront pas repréſenté leurs titres dans les délais donnés.

Enfin le treizieme & dernier excepte des diſpoſitions de l'Arrêt, les Privileges d'Uſage des Dioceſes, & autres de cette eſpece.

La Cour voit aiſément que cet Arrêt a dû exciter une grande commotion dans la Librairie : mais, avant d'expoſer les griefs des Libraires, qu'il me ſoit permis de paſſer tout d'un coup à l'Arrêt ſur les contrefaçons, après quoi je réunirai ſous un ſeul point de vue les plaintes inutiles que tous les deux ont excitées.

Cet Arrêt, le ſixieme de la même date, défend de contrefaire pendant la durée des Privileges, ou même d'imprimer ſans permiſſion après leur expiration & le décès de l'Auteur, à peine de 6000 liv. d'amende pour la premiere fois, de pareille amende & de déchéance d'état en cas de récidive.

Il déclare l'édition contrefaite ſaiſiſſable ſur le Libraire comme ſur l'Imprimeur, & ſoumet le Libraire aux mêmes peines.

Il déclare en même temps que les Poſſeſſeurs du Privilege n'en pourront pas moins former leur demande en dommages & intérêts.

Le quatrieme Article eſt remarquable : il autoriſe la viſite du Poſſeſſeur ou Ceſſionnaire d'un Privilege, aſſiſté d'un Inſpecteur de Librairie, à ſon défaut d'un Juge ou Commiſſaire de Police, chez tout Imprimeur, Libraire ou Colpoteur, en boutique ou en magaſin, aux riſques, périls & fortunes de ce Poſſeſſeur ou Ceſſionnaire, ſans autre Permiſſion que le préſent Arrêt, à la charge pourtant d'exhiber préalablement à l'Inſpecteur,

Juge ou Commiſſaire, l'original du Privilege ou ſon *duplicata* collationné ; enſuite, par une diſpoſition que j'avoue ne pouvoir pas comprendre, le même Article autoriſe *ceux chez qui on fera de ſemblables viſites à ſe pourvoir en dommages-intérêts contre ceux qui les feront, s'ils ne trouvent pas de contrefaçons des ouvrages dont ils auront exhibé le Privilege, encore qu'ils en euſſent trouvé d'autres :* d'où il paroît (ce que j'ai peine à croire) que ces autres contrefaçons ne pourront être ni ſaiſies ni dénoncées ſous les yeux mêmes de celui qu'elles dépouillent, lequel, pour une indication imprudente, que ſai-je, confiée à l'Inſpecteur, & peut-être trahie, ſera tenu au contraire d'indemniſer, à la vue de ſon propre bien, le Contrefacteur qui s'en eſt emparé, pris en flagrant délit.

L'Article V n'a rien d'intéreſſant, il condamne au pilon les ouvrages juſtement ſaiſis.

L'Article VI eſt l'eſſentiel. Voici comme il s'exprime : *Quant aux contrefaçons antérieures au préſent Arrêt, Sa Majeſté, voulant uſer d'indulgence, releve ceux qui s'en trouveront ſaiſis, des peines portées par les Réglements, en rempliſſant par eux les formalités preſcrites par l'Article ſuivant.*

Et ces formalités ſont de repréſenter les contrefaçons dans deux mois à l'Inſpecteur & à l'un des Adjoints de la Chambre Syndicale de l'Arrondiſſement, pour être la premiere page de chaque exemplaire eſtampillée par l'Adjoint & ſignée par l'Inſpecteur.

Les Articles VIII & IX ſont purement de forme. Le huitieme fait commencer le délai des deux mois de grace, du jour de l'enrégiſtrement du préſent Arrêt dans chaque Chambre Syndicale. Le neuvieme & dernier ordonne le renvoi à M. le Garde des Sceaux, par l'Inſpecteur, de l'eſtampille & du procès-verbal de ſes opérations à l'expiration dudit délai, paſſé lequel tous les livres contrefaits & dénués de la ſignature de l'Inſpecteur & de la marque de l'eſtampille, ſeront cenſés nouvelles contrefaçons, & ſoumis aux peines portées par l'Article I.

Telle eſt, Monſieur, l'économie de ces deux Arrêts, devenus ſi célebres, ſur la durée des Privileges en Librairie & ſur les contrefaçons.

Il étoit naturel que des Citoyens dépoſſédés demandaſſent juſtice. Les Libraires l'ont fait d'une maniere d'autant plus touchante, qu'elle étoit moins réguliere : au lieu de recourir au Parlement, organe légitime des opprimés, dépoſitaire & défenſeur des loix du Royaume & des droits de tous les Ordres, de tous les Corps, de tous les Citoyens, Juge naturel de leur état, ils ont cru devoir verſer leur douleur dans le ſein de Mr. le Garde des Sceaux. Les Veuves de la Communauté ont donné l'exemple en Octobre 1777, elles ont adreſſé à ce Magiſtrat *de très humbles & très reſpectueuſes repréſentations ;* en Novembre ſuivant, la Communauté entiere lui a préſenté un Mémoire très détaillé, & le Recteur de l'Univerſité a joint le ſien, au nom de l'Univerſité en Corps. Ces premieres tentatives n'ont produit aucun effet.

Alors les Libraires & Imprimeurs ont recouru directement au Roi par une Requête ſoutenue de deux Conſultations du 23 Décembre 1777 & 9 Janvier 1778 ; après quoi les Veuves de la Librairie ont imploré de leur côté la Juſtice Royale par une Requête particuliere : on ignore ſi ces Requêtes ſont parvenues au Roi, elles n'ont pas eu plus de ſuccès que les Mémoires adreſſés à M. le Garde des Sceaux.

Les Libraires étonnés, non abattus, ont gardé le silence. Ils se sont contentés d'opposer à l'exécution des Arrêts du Conseil cette résistance passive & respectueuse qui convient si bien à des sujets fideles, mais libres. Enfin les tarifs des droits de réception & de permission ont paru. Les Libraires profitant de cette circonstance, quoique fâcheuse, puisqu'elle étoit le premier effet des Arrêts du Conseil, ont adressé à M. le Garde des Sceaux de très humbles représentations contre ces tarifs en particulier, & contre les Arrêts en général. Leurs nouvelles instances n'ayant pas été plus heureuses, ils ont pris le parti de s'en tenir aux sollicitations indirectes. Des Gens de Lettres ont donné des Mémoires; des Magistrats ont invoqué les formes à l'appui des principes, proposé des conférences, annoncé une réclamation; ils n'ont pas eu le bonheur d'être entendus : on a pressé l'exécution des Arrêts du Conseil, & le temps qui s'écouloit voyoit toujours de nouvelles atteintes portées aux loix de l'Etat, ainsi qu'aux propriétés littéraires.

Enfin, Monsieur, les Libraires & Imprimeurs, désespérant d'obtenir justice du Département où les Arrêts du Conseil avoient été obtenus, ont tenté néanmoins un dernier effort : ils ont, dans un Mémoire approuvé par la Communauté assemblée, résumé leurs représentations sur les six Arrêts ; & le résultat a été présenté à M. le Garde des Sceaux au commen·ment de Février en vertu d'une délibération prise par la Communauté le 23 Janvier précédent. Cette preuve nouvelle de leur soumission & de leur confiance n'a rien produit; & deux mois écoulés sans réponse m'ont fait penser qu'il étoit temps de ne plus abandonner sans examen, aux efforts d'un système élevé contre les loix, une Communauté recommandable qui les implore.

En effet, Monsieur, la propriété littéraire a été maintenue par toutes les loix dans la personne de l'Auteur & du Libraire; on a toujours pensé que la permission d'imprimer un Ouvrage nouveau ne créoit pas la propriété, mais la supposoit, & que le Privilege uni à la Permission, n'étoit qu'une sauve-garde de la propriété. Ce principe, il est vrai, a éprouvé quelques atteintes, du moins sur la continuation des Privileges, au commencement du dix septieme siecle ; mais il eut bientôt triomphé d'une opinion passagere qui n'a jamais pu s'élever au rang des Maximes de l'Etat: on en revint aux anciens principes. Les désordres de la concurrence sont fortement exprimés dans une Déclaration de 1649, Ouvrage du Chancelier Seguier; & depuis, comme avant, disent les Libraires dans leurs Mémoires, les continuations de Privileges ont été autorisées par tous les Réglements, qui tous ont maintenu les Auteurs dans la propriété de leurs Ouvrages, & les Libraires dans la propriété de leurs cessions; aussi, poursuivoient-ils, la Librairie, cultivant son propre champ, avoit-elle prospéré. Mais ne parlons plus que de justice : nous avions, ajoutoient les Libraires, acquis, vendu, échangé, partagé, donné en dot nos fonds de Librairie qui faisoient toute notre fortune, aujourd'hui nous sommes dépouillés. Les Arrêts du Conseil ayant détruit la propriété littéraire, nos traités sont incertains, nos partages sont illusoires, les biens de nos femmes sont privés d'hypotheque, nous sommes sans commerce, nous sommes sans état : par une disposition difficile à comprendre, la propriété des Auteurs, traitée de

grace, eſt reſtreinte au point de ne pouvoir en diſpoſer ſans la perdre ; &
par une ſeconde non moins inouie, c'eſt une force rétroactive imprimée aux
Arrêts du Conſeil , qui nous exproprie , diſent les Libraires , des héri-
tages de nos peres, des fruits de nos acquiſitions & de nos travaux.

L'impôt ſur les Permiſſions d'imprimer, continuent les Libraires , eſt
un des plus ruineux qu'on pût imaginer ; il faudra donc payer pour réimprimer les Donations de Ricard 480 livres ; pour les Œuvres de Henrys 960
livres ; pour le Journal des Audiences 1680 livres ; pour l'Hiſtoire Ecclé-
ſiaſtique de Fleury in-4°. 4440 livres : ſont-ce là des motifs d'encourage-
ment ? On dira de n'imprimer que des livres d'un débit ſûr ! en eſt-il de
cette eſpece ? en eſt-il du moins beaucoup ?

L'objet de cette impoſition énorme eſt d'obliger à faire uſage des Permiſſions demandées. Quel ſi grand intérêt le public peut-il avoir à cette
certitude ?

L'emploi de l'impôt, c'eſt pour gratifier les Inſpecteurs & autres perſonnes prépoſées à la manutention de la Librairie. Mais l'expérience
prouve que jamais les contrefaçons n'ont été plus multipliées que depuis
l'établiſſement des Inſpecteurs : quand on ſait d'où l'orage doit partir , il
eſt facile de le conjurer ; & , quant aux prépoſés, on a vû la Librairie très
bien régie dans tout le Royaume par le miniſtere d'un ſeul Secrétaire qui
travailloit quatre heures par ſemaine. A quoi ſert la multiplication des
Bureaux des ſubalternes ? les affaires en vont-elles plus vîte ? L'expérience
prouve encore le contraire.

Les Libraires , Monſieur, n'ont pas été plus loin : mais la liberté de
mon miniſtere m'autoriſe à demander pourquoi les fonctions , les appointemens , les noms même des Prépoſés à la Librairie , ne ſont pas rendus
publics ? Pourquoi le produit des droits deſtinés à la caiſſe établie par l'article IX de l'Arrêt du Conſeil ſur la durée des Privileges, n'eſt pas connu ?
en un mot, pourquoi le rapport de la recette à l'emploi n'eſt pas hautement, nettement, ſolemnellement déterminé ? J'irai plus loin , j'oſerai
demander pourquoi cette impoſition conſidérable ſur les Permiſſions n'a
pas été créée par une loi ? pourquoi, du moins , l'augmentation des
droits de réception n'a-t elle pas été arrêtée au Conſeil en préſence du Roi,
les Libraires entendus ?

Sur l'Arrêt des contrefaçons, les Libraires ont repréſenté que les contrefaçons déclarées deſtructives du commerce , & contraires à la bonne foi,
ſe trouvoient néanmoins légitimées , au détriment des vrais propriétaires
de manuſcrits achetés ſous les auſpices de la loi ;

Que le contrefacteur, en réimprimant le feuillet eſtampillé, vendroit la
contrefaçon elle même , pour l'édition originale , au public abuſé par le
défaut d'eſtampille ;

Que les ſaiſies autoriſées par le quatrieme article de cet Arrêt , ne ſeroient pas ſeulement illuſoires , mais imprudentes ; qu'on pouvoit croire
que la contrefaçon ſpécifiée ſe trouveroit bien rarement ; que la crainte de
ſe voir bravés par l'étalage d'autres contrefaçons, & d'être condamnés à
leur vue envers le coupable, arrêteroit les propriétaires un peu raiſonnables , & qu'ainſi cet article aſſuroit l'impunité aux contrefacteurs ;

Qu'ils oſoient dire que l'indulgence du Roi excédoit ſon pouvoir : le

Roi

Roi pouvant faire grâce de ſes droits, mais non des droits d'autrui ;

Et qu'enfin cette indulgence, loin d'être pour l'avenir un gage de la circonſpection des contrefacteurs, les encourageroit par l'eſpérance d'obtenir encore un traitement pareil, qu'il ne s'agira que de multiplier le nombre des contrefaçons au degré ſuffiſant pour expoſer qu'il y va de toute leur fortune.

Tels ſont, Monſieur, les griefs de la Librairie. Si la Cour veut connoître plus particuliérement les effets immédiats des Arrêts du Conſeil ſur l'état des Libraires de cette Capitale, elle en pourra juger par le Mémoire du ſieur le Clerc, l'un d'eux ; voici comme il s'exprime en commençant : *Comme tous les Libraires de Paris, je ne poſſede le droit d'imprimer aucun livre, ou partie d'icelui, que par acquiſition ; la ſource de la plus grande partie de mes propriétés eſt l'acquiſition que j'ai faite du fond de mon pere, par acte paſſé chez Mᵉ Dulion, le 27 Janvier 1758, acquiſition dont j'ai payé la moitié à ma ſœur.*

Enſuite l'Auteur expoſe les différents articles dont il eſt propriétaire, ſoit comme héritier de ſon pere, ſoit comme Auteur, ſoit comme acquéreur. Ils ſont au nombre de cinquante-ſix ; après quoi réſumant ſa déplorable poſition, » il ne me reſte plus, dit il, qu'à faire connoître l'état de » l'Auteur de ce Mémoire, que les Arrêts du 30 Août dernier ruineroient » ſans reſſource, s'ils détruiſoient ſes propriétés.

» J'ai cinquante - quatre ans, je fais vivre ma femme, & cinq en-» fants, reſte de quatorze ; la dépenſe néceſſaire de ma maiſon m'em-» pêche d'augmenter mon patrimoine, quoique je ne donne aucun » temps à l'amuſement. Malgré mon peu de fortune, l'eſtime de mes » confreres m'a fait remplir toutes les places où un homme de mon état » peut parvenir ; j'oſe même dire que je m'y ſuis rendu utile : s'il falloit » que je perdiſſe mon fond de Librairie, la ſeule choſe que je poſſede en » ce monde, je regarderois comme un bienfait la mort d'un ſixieme en-» fant que j'ai perdu depuis la publication des Arrêts du 30 Août dernier. » Je ne deſirerois pas la mort des autres, mais je verrois venir la mienne » avec indifférence, pour n'être pas témoin de la miſere qui les attend. » La juſtice & la bonté du Roi me raſſurent ; il ne me privera pas d'une » propriété que je lui fais connoître, & que j'ai acquiſe ſur la foi des loix » qui ont été en vigueur juſqu'ici ; il me la conſervera au contraire à per-» pétuité, comme il conſerve celle des Auteurs qu'il connoît, ſauf à » me conformer, dans mes acquiſitions futures, aux nouveaux Arrêts, » s'ils ne ſont pas révoqués ».

Ce Mémoire, Monſieur, a été préſenté par le ſieur le Clerc à MM. le Noir & de Néville ; l'Auteur en a remis une copie certifiée véritable au Syndic de la Librairie, le 12 Janvier 1778 ; & cet infortuné pere de famille, qui n'a pas même obtenu quelques paroles de conſolation, m'a adreſſé ce triſte monument de ſa ruine, avec une lettre qui me repréſente le Mémoire (en ce qui touche les propriétés de ſon fond de Librairie) *comme un tableau du commerce de la Librairie en général, & de l'état de chaque Libraire en particulier.* Il m'a autoriſé à le mettre ſous les yeux de la Cour. Je le laiſſerai ſur le Bureau. Au ſurplus, Monſieur, mes informations particu-lieres m'ont fait connoître que le ſieur le Clerc n'eſt pas le ſeul Libraire

B

que les Arrêts du Conseil aient écrasé ; la Cour peut s'en convaincre.

Ce qui met le comble aux malheurs des Libraires, c'est que, dépouillés des objets de leurs traités par les Arrêts du Conseil, ils sont astreints à l'exécution de ces traités par les jugements des Tribunaux. Le sieur Paucton, Auteur d'un ouvrage intitulé : *Métrologie, ou Traité des Mesures, Poids & Monnoies de l'antiquité & d'aujourd'hui*, avoit vendu son manuscrit à la veuve Desaint, par un acte antérieur de près d'un mois à la publication de l'Arrêt du Conseil du 30 Août 1777. L'Arrêt est publié, la veuve Desaint y voit que la propriété acquise pour toujours est réduite, aux termes de l'Arrêt, par le seul fait de la cession, à la vie de l'Auteur. Elle fait difficulté d'imprimer: son vendeur l'assigne au Châtelet. Elle conclut au rapport d'une Permission d'imprimer ; une Sentence interlocutoire y condamne le sieur Paucton : celui ci se conforme à la Sentence ; il rapporte une Permission, mais une Permission conçue dans les termes du nouvel Arrêt du Conseil ; *à savoir que si le sieur Paucton cédoit cette Permission, alors, par le seul fait de la cession, la durée de ce Privilege seroit réduite à celle de la vie de l'Auteur, ou de dix ans, à compter du jour de la date de ce Privilege, si l'Auteur décédoit avant l'expiration des dix ans.* La veuve Desaint ne s'est pas contentée de cette Permission, elle a persisté dans son refus, &, sur la clause nouvelle du Privilege, s'en est rapportée à la prudence des premiers Juges. Le Châtelet a ordonné, par une Sentence définitive, que le traité seroit exécuté ; en conséquence, sans s'arrêter aux clauses & conditions insérées aux Lettres de Privilege obtenues par le sieur Paucton, a maintenu la veuve Desaint dans la propriété pleine & incommutable de l'ouvrage en question, & du droit exclusif de le faire imprimer & de le vendre pour elle, ses hoirs & ayants causes, conformément au traité double fait entre les Parties. Appel de cette Sentence par le sieur Paucton : l'audience est accordée ; &, par Arrêt contradictoire, la Cour met l'appellation au néant. La Sentence étoit du 11 Août 1778 ; l'Arrêt est du 10 Février 1779 : j'en défere à la Cour une copie collationnée.

Cette instance, Monsieur, n'est pas la seule de cette espece. Le sieur Pillot, Libraire, plaide contre le sieur Boucher, autre Libraire, & beaufrere de la dame Pillot, lequel, sous prétexte des nouveaux Arrêts du Conseil, refuse au sieur Pillot le paiement de 5000 livres, prix convenu de la cession faite au sieur Boucher par le sieur Pillot de plusieurs livres & parts de Privileges dépendants de la dot de la dame Pillot. Je sais aussi, que le sieur Debure fait quelques difficultés de payer des rentes qu'il a constituées en paiement des Privileges à lui cédés par des Auteurs ou des Libraires ; sera t il condamné ? le sieur Boucher le sera-t il aussi ? On peut le présumer : l'Arrêt du sieur Paucton l'annonce assez ; & ces condamnations seront très justes. La Cour prononce suivant les loix : ce n'est pas une loi qu'un Arrêt du Conseil. Les Tribunaux, heureusement, sont fideles à cette maxime. L'exécution des traités de Librairie sera donc ordonnée par les Arrêts des Cours ; & cependant cette exécution est rendue impossible par la seule existence des Arrêts du Conseil qui font la loi dans le département de la Librairie, où les nouvelles Permissions s'expédient tous les jours au préjudice des Ordonnances, & privent, par le fait, les Libraires de la chose vendue, tandis que nos Arrêts leur en font payer le prix suivant la loi.

Un état aussi pénible me paroît mériter les regards de la Cour. On voit, Monsieur, dans tous les actes que je défere à la Justice, des Arrêts du Conseil élevés au-dessus des Edits enregistrés, des propriétés détruites par l'effet rétroactif de ces actes irréguliers, un impôt créé sans Lettres Patentes, des tarifs dépendants de la seule volonté d'un sujet du Roi, une caisse publique établie sans comptabilité, & le concours inoui de la Justice & du Pouvoir, pour obliger des Citoyens à payer ce que le Pouvoir leur enleve, à perdre ce que la Justice leur fait payer. Je vous prie, Monsieur, de mettre en délibération ce qu'il convient de faire à ce sujet, & je dépose sur le Bureau :

Les Imprimés des six Arrêts du Conseil du 30 Août 1777 sur le fait de la Librairie.

L'Imprimé de l'état des sommes à payer pour les réceptions, & celui du tarif des droits de permission.

La copie de deux Lettres d'envoi de cet état & de ce tarif par le Directeur de la Librairie à la Chambre Syndicale de cette ville.

Une copie du Bordereau des différences des nouveaux droits de réceptions aux anciens pour Paris.

Un tableau imprimé des Ouvrages jugés communs, ou qui le deviendront à l'expiration des Privileges dont ils sont revêtus, en exécution de l'article XI de l'arrêt du Conseil du 30 Août 1777, portant Réglement sur la durée des Privileges en Librairie.

Trois copies de Mémoires présentés en Octobre & Novembre 1777 par les veuves des Libraires, le corps de la Librairie & le Recteur de l'Université.

Les Imprimés de la Requête & des Mémoires présentés au Roi par le Corps de la Librairie, & les veuves de la Communauté séparément.

L'Imprimé des Représentations des Corps de la Librairie & Imprimerie de Paris à M. le Garde des Sceaux, au sujet des deux tarifs.

Un Extrait collationné & signé par les Syndic & Adjoints de la Librairie, d'une Délibération de la Communauté du 23 Janvier 1779, ensemble une Copie collationnée & signée par les mêmes, du Mémoire énoncé dans cette Délibération.

Une Copie signée par le sieur Charles-Guillaume le Clerc de son Mémoire présenté à MM. le Noir & de Néville, sur les acquisitions des propriétés qui composent son fonds de Librairie, & sur le tort que lui causeroient les arrêts du Conseil du 30 Août 1777, s'ils devoient détruire cette propriété.

Un Mémoire imprimé du sieur Paucton, contre la veuve Desaint; un Précis imprimé de la veuve Desaint, contre le sieur Paucton ; ensemble une copie collationnée des sentence du Châtelet & arrêt de la Cour intervenus le 11 Août 1778, & 10 Février 1779 sur cette affaire.

Enfin un Mémoire imprimé du sieur Pillot, Libraire Juré de l'Université de Paris, contre le sieur Boucher, aussi Libraire en la même Université.

Sur quoi, la matiere mise en délibération,

Il a été arrêté que le récit d'un de Messieurs, & les pieces y mentionnées, seroient remis entre les mains des Gens du Roi, pour en rendre compte le vendredi 2 Juillet, ensemble des Réglements antérieurs sur le fait de la Librairie.

B ij

Les Gens du Roi mandés & entrés ,

M. le Préfient Lefevre leur a fait entendre le fufdit arrêté ; à quoi ils ont répondu , M^e. Antoine-Louis Seguier , Avocat dudit Seigneur Roi , portant la parole , qu'ils fe conformeroient aux ordres de la Cour.

Et fe font lefdits Gens du Roi retirés.

Après quoi la Cour s'eft levée.

DU MARDI

31 *Août* 1779 *du matin,*

TOUTES LES CHAMBRES ASSEMBLÉES.

MONSIEUR LE PREMIER PRÉSIDENT :

CE jour , toutes les Chambres affemblées fuivant l'indication du 27 de ce mois , les Gens du Roi font entrés , & , Me Antoine-Louis Seguier , Avocat dudit Seigneur , portant la parole , ont continué & terminé le Compte qu'ils avoient commencé de rendre les 10 & 27 du préfent mois en exécution de l'Arrêté de la Cour du 23 Avril 1779 , au fujet des arrêts du Confeil intervenus en Août 1777 , fervant de nouveaux Réglements pour la Librairie.

Ledit Compte rendu , il a été dreffé procès verbal , dans lequel eft réuni la totalité dudit Compte , dans l'ordre des féances des 10 , 17 & 31 Août : où il avoit été commencé , fuivi & terminé.

COMPTE RENDU

Par les Gens du Roi aux Chambres affemblées dans les féances des 10 , 27 *&* 31 *Août,*

Au fujet des ARRÊTS du Confeil du 30 Août 1777 , fervant de nouveaux Réglemens pour la Librairie.

Séance du 10 Août 1779.

MESSIEURS,

L'attention que la Cour apporte à tout ce qui peut intéreffer l'ordre public & la propriété des Citoyens , ne lui a pas permis de détourner fes regards des nouveaux Réglements qui font intervenus fur le fait de la Librairie.

Ces Réglements , nouveaux pour le moment , parcequ'il paroît qu'ils ont exifté autrefois , au moins en partie , mais entièrement deftructifs de ceux qui étoient en ufage à l'époque où ils ont été publiés ; ces Réglements , deftinés à devenir une loi nouvelle , fans en avoir encore le caractere & l'authenticité ; ces Réglements enfin qui ont pour objet de créer un nou-

(13)

veau Code pour la Librairie, & de faire revivre des principes depuis long-
tems abandonnés, excitent la réclamation, & de ceux qui dans leurs travaux se consacrent à éclairer l'esprit humain, & de ceux qui s'occupent à
transmettre à la postérité les productions des Sciences & des Arts; c'est-à-
dire, que les Auteurs, les Libraires, les Imprimeurs, & ceux qui, sous
ces derniers, cooperent à l'impression, trouvent également leurs droits
anéantis par l'effet du nouvel ordre qu'on veut établir dans la Librairie.
Les Auteurs vraiment propriétaires des Ouvrages qu'ils ont créés, les
Libraires, devenus propriétaires des Ouvrages qu'ils ont acquis, & les
Compagnons Imprimeurs, se plaignent indistinctement, les premiers, de
voir leur propriété réelle changée en grace; les seconds, leur propriété
acquise devenue momentanée; les derniers, de se trouver assujettis à des
formalités aussi incommodes que dispendieuses; & tous réclament les
droits attachés à leur état lorsqu'ils l'ont embrassé.

Cette réclamation générale, ces plaintes multipliées sont parvenues
jusqu'aux Magistrats : l'ordre public, dont la manutention & l'entretien
est confié à leur vigilance; la propriété, dont le dépôt sacré est placé sous
l'œil de la Justice & sous la sauve garde des loix, vous ont paru au premier
aspect de ces Réglements nouveaux, ou dangereusement blessés, ou peut-
être anéantis par des dispositions entièrement contraires aux dispositions
des dernieres loix, devenues par leur enregistrement des loix publiques du
Royaume.

Arrêté de la
Cour.

C'est sans doute, Messieurs, dans cette vue que la Cour, par son arrêté
du 23 Avril de la présente année, nous a fait remettre six Imprimés ayant
chacun pour titre : « arrêt du Conseil concernant la Librairie, avec
» différentes pieces relatives à ces Imprimés; ensemble le récit fait par
» un de Messieurs, pour lui rendre compte du tout, ainsi que des Régle-
» ments antérieurs sur le fait de la Librairie ».

Il nous a été facile de reconnoître, par la communication que nous
avons prise du récit qui vous a été fait par un de Messieurs, de ces différentes pieces que l'on nous a jointes, & les inconvénients qui en résultent,
& le trouble qui s'est emparé des esprits dans le corps de la Librairie, &
les alarmes qui se sont répandues dans toutes les familles de la capitale. La
Cour a sans doute encore sous les yeux le tableau énergique qui lui a été
offert; & quelque intervalle qui se soit écoulé jusqu'à ce jour, l'impression
a été assez forte pour être encore présente à vos esprits. Nous n'aurions
rien à y ajouter, si la Cour ne nous avoit chargés en même tems de lui
rendre compte des anciens Réglements.

Nous n'avons rien négligé, Messieurs, pour satisfaire à l'obligation qui
nous est imposée, & pour remplir autant qu'il est en nous le devoir de notre ministere : mais dans un travail d'une étendue aussi immense, nous ne
nous flattons point d'avoir réuni non seulement les réflexions qu'une matiere aussi délicate peut présenter, mais encore la totalité des Réglements
qui peuvent être intervenus dans des temps éloignés & sans doute inconnus. Si quelque chose nous est échappé, c'est défaut d'instruction de notre
part; nous n'avons rien dissimulé de ce qui est parvenu à notre connoissance. Les lumieres de la Cour la mettront à portée de suppléer à notre
insuffisance.

Nous commencerons par mettre sous les yeux de la Cour, le plan que nous nous sommes proposé dans le compte qu'elle nous a prescrit de lui rendre en ce moment, & pour y répandre plus de clarté, nous le diviserons en trois parties différentes.

Dans la premiere, nous analyserons les six arrêts du Conseil, qui ont fait l'objet de la délibération du 23 Avril dernier.

Dans la seconde, nous examinerons les pieces que la Cour a elle-même annexées aux six arrêts du Conseil, dont elles sont la suite & la conséquence.

Et enfin, dans la troisieme, nous descendrons dans le détail de tous les anciens Réglements intervenus sur la Librairie, qui sont à notre connoissance.

PREMIERE PARTIE.
Nouveaux Réglements.

Nous avons dit que nous analyserions en premier lieu les six arrêts du Conseil que la Cour nous a fait remettre. Nous ne ferons que les parcourir, & très rapidement.

Le premier de ces arrêts du Conseil contient un Réglement de discipline pour les Compagnons Imprimeurs.

Le principal objet de ce Réglement, est de renouveller les dispositions du titre V du Réglement de 1723, en y ajoutant néanmoins de nouvelles formalités. On assujettit les Ouvriers à porter toujours, au lieu des Billets de leur Maître, un Cartouche en parchemin, timbré du sceau de la Communauté, signé des Syndic-Adjoints, expédié au Bureau de la Chambre Syndicale, moyennant 30 sols, renouvellé en cas de perte pour 15, & visé par les Syndic & Adjoints à chaque mutation de Maître, en payant de nouveau 24 sols.

On oblige les Maîtres à déclarer les Ouvriers qui entrent & qui sortent de leur Imprimerie, à déclarer encore les 15 & dernier de chaque mois les Ouvriers qui ont manqué à leur travail, soit par incommodité, soit pour affaires, soit pour cause de maladie, afin que les Syndic-Adjoints puissent en rendre compte : comme aussi de donner à la fin de chaque mois un état général de tous les Ouvriers qu'ils occupent.

Il est ordonné que tous les ans il sera fait dans la Chambre Syndicale un appel ou visa de tous les Ouvriers travaillants dans le ressort de ladite Chambre, & de faire viser leur Cartouche, s'ils demeurent dans la ville où est établie la Chambre Syndicale, & de l'envoyer viser, s'ils demeurent dans l'arrondissement de ladite Chambre, à peine de 6 liv. d'amende qui leur seront retenus par le Maître chez lequel ils travaillent.

Pour faire connoître la conduite desdits Ouvriers, chaque Chambre Syndicale enverra tous les ans aux autres Chambres, dans le mois qui suivra l'appel, l'état des enregistrements faits pendant l'année, avec la note des observations qui y sont relatives.

Enfin, on fait le partage des sommes résultantes des enregistrements, Cartouches & mutations, les frais prélevés. Ces sommes se diviseront en trois parts, qui seront distribuées par les Syndic & Adjoints de chaque Chambre Syndicale;

La première, aux anciens Ouvriers infirmes & hors d'état de travailler, dont la conduite aura été exempte de reproche ;

La seconde, aux Ouvriers obligés de suspendre leurs travaux pour cause de maladie.

La troisieme, aux Ouvriers qui travaillent depuis 30 ans dans l'Imprimerie, & dont les Maîtres certifieront l'exactitude & la probité.

Le second arrêt du Conseil établit deux ventes publiques de Librairie chaque année dans la Chambre Syndicale de Paris, l'une depuis le 15 Novembre jusqu'au 30 du même mois, l'autre depuis le 15 Mai jusqu'au 31.

On y exposera en vente les fonds de Librairie, des parties de fonds, des Privileges ou portions d'iceux, dont les Libraires & Imprimeurs de Paris ou des Provinces voudront se défaire.

Tous les Libraires & Imprimeurs du Royaume pourront acquérir les Privileges ou la portion des Privileges qu'on voudra vendre ; & les Libraires Étrangers pourront acquérir, concurremment avec les Imprimeurs & Libraires François, les fonds de Librairie ou partie d'iceux qui seront exposés en vente.

L'Administration se flatte de rendre, à la faveur de ces deux ventes publiques, les échanges plus faciles, les négociations plus actives, de procurer aux fonds de Librairie la valeur que produit la concurrence, de diviser les Privileges & de les faire circuler dans la Province, de mettre de nouveaux obstacles aux contrefaçons, & enfin de former de tous les Libraires du Royaume une seule famille unie par l'intérêt, & participant aux mêmes graces.

Le troisieme arrêt du Conseil a pour objet de régler les formalités a observer pour la réception des Libraires & des Imprimeurs. Ce Réglement est renfermé dans onze Articles. A quelques changements près, ce sont les mêmes formalités, les mêmes épreuves que celles qui avoient été prescrites par le Réglement de 1723. Nous observerons cependant que l'Article X annonce un nouveau tarif pour les droits de réception, & il est dit que les aspirants à la Librairie & à l'Imprimerie paieront aux Syndic & Adjoints pour leurs réceptions les sommes qui seront portées au tarif qui sera arrêté par M. le Garde des Sceaux, & renvoyé dans chaque Chambre Syndicale.

Ce tarif a été en effet envoyé en 1778, & il contient une augmentation de droits en sus de ceux qui avoient été fixés par le Réglement de 1723. A cette époque, le prix de la réception de Libraire ou d'Imprimeur faisoit partie du Réglement en lui-même. Tout aspirant à la Maîtrise, soit dans la Librairie, soit dans l'Imprimerie, étoit tenu de payer la somme de 1000 liv. pour être reçu Libraire, & 500 liv. s'il n'étoit reçu que comme Imprimeur, & les deux sommes revenant ensemble à 1500 liv. s'il réunissoit les deux qualités ; ce qui, avec les frais ordinaires, revenoit en totalité à 2421 liv. 12 sols. Les fils de Maîtres n'étoient tenus de payer que 600 liv. pour la Librairie & 300 liv. pour l'Imprimerie, outre les frais de Communauté ; ce qui faisoit en tout, pour les fils de Maître, 1771 liv. 12 sols. Les Compagnons qui épousoient la fille ou la veuve d'un Maître payoient également 600 liv. pour être reçus Libraires, 300 liv. pour être reçus Imprimeurs, & les uns & les autres payoient 900 liv. pour être à la fois Imprimeurs & Libraires ; ce qui, avec les frais de réceptions, pour les gendres, faifoit 1821 l. 12 f. Ces paiements étoient fixés par les Articles 45 & 46 du tit. 6 du Réglement de 1723.

Le nouveau tarif ne fait point partie de l'arrêt du Confeil du 30 Août 1777. Il a été envoyé par forme de bordereau à la Chambre Syndicale ; les fommes y font augmentées, enforte que pour être reçus Libraires, les fils de Maîtres paieront 1200 liv. les gendres de Maîtres 1300 liv. & les apprentifs 2000 liv. Il en eft de même des droits pour la réception d'Imprimeur. En réuniffant les deux qualités, les fils de Maitres paieront 1900 liv. les gendres 2000 liv. & les apprentifs 3000 liv. Augmentation confidérable en elle même, & dont la différence eft bien fenfible ; encore ce nouveau tarif ne doit-il avoir lieu que pour les réceptions qui fe font dans la Capitale. Nous obferverons ici que dans le bordereau que la Cour nous a fait remettre, il eft dit en tête, que les fommes excédantes les anciens droits, entreront dans la caiffe de M. le Garde des Sceaux : mais c'eft une erreur, il n'y a point de caiffe de cette dénomination, il n'en eft rien dit dans le tarif imprimé, & c'eft dans la caiffe du fceau que ces fommes font verfées : nous nous fommes inftruits de ce fait inconfidérément avancé, & nous en avons reconnu la fauffeté. Enfin, pour vous rendre compte de l'emploi qui fera fait de cet excédant, il paroît qu'il eft deftiné à payer ou gratifier les Infpecteurs de la Librairie & les autres perfonnes deftinées à la manutention de cette partie de l'Adminiftration, relativement au commerce de la Librairie & de l'Imprimerie.

Paffons au quatrieme arrêt du Confeil.

Il porte fuppreffion des anciennes Chambres Syndicales & création de nouvelles dans tout le Royaume. On y fixe le nombre de ces Chambres Syndicales à vingt. On y prefcrit les formalités qui doivent s'obferver, foit pour les élections des Syndics, foit pour la vifite des Infpecteurs, foit pour la vente des livres, foit pour l'ouverture des ballots.

Le but qu'on s'eft propofé dans ces fuppreffion & création a été de prévenir les abus qui pourroient naître de l'indépendance où fe trouvoient certaines Imprimeries ifolées, & on fe flatte d'y parvenir en établiffant une uniformité dans toutes les opérations qu'exige la manutention de la Librairie & de l'Imprimerie.

Jufqu'à préfent nous avons eu l'honneur de vous rendre compte de ce que contiennent les quatre premiers arrêts que la Cour nous a fait remettre ; il en refte encore deux, & ce ne font pas les moins importants. Il eft difficile de ne pas entrer à leur égard dans le détail le plus étendu.

Le premier porte Réglement fur la durée des Privileges en Librairie : le fecond concerne les contrefaçons faites ou à faire. Pour mettre la Cour à portée de favoir l'enfemble de ces Réglements, nous nous trouvons obligés de mettre non feulement les difpofitions qu'ils renferment fous fes yeux, mais encore les préambules qui en contiennent l'efprit & les motifs.

Dans le préambule de l'arrêt portant Réglement fur la durée des Privileges en Librairie, on y fait dire au Roi : qu'un Privilege en Librairie eft une grace fondée en Juftice, que ce Privilege eft la récompenfe du travail de l'Auteur, qu'il eft pour le Libraire l'affurance du rembourfement de fes frais.

Que cette différence dans le motif de la grace, en doit produire une
dans

dans la durée ; que l'Auteur a des droits plus étendus, & que ceux du Libraire doivent être proportionnés au montant de ſes avances & à l'importance de ſon entrepriſe ; que la perfection de l'ouvrage exige que le Privilege dure autant que la vie de l'Auteur ; qu'accorder un plus long terme ce ſeroit convertir une jouiſſance de grace en une propriété de droit ; ce ſeroit conſacrer le monopole, rendre un Libraire ſeul arbitre à toujours du prix d'un livre, & laiſſer ſubſiſter la ſource des abus des contrefaçons, en refuſant aux Libraires de Province un moyen légitime d'employer leurs preſſes ;

Que pour les Libraires, une jouiſſance limitée, mais certaine, eſt préférable à une jouiſſance indéfinie, mais illuſoire ; le Public verra ce Réglement d'un œil favorable, parceque les livres tomberont à une valeur proportionnée à ſes facultés, & les Gens de Lettres y trouveront leur avantage, puiſqu'ils pourront, après un temps donné, acquérir, par des notes & des commentaires ſur un Auteur, le droit inconteſtable de faire imprimer le texte : enfin le commerce en aura plus d'activité, & les Imprimeurs plus d'émulation.

Tels ſont, Meſſieurs, les principes établis dans le préambule du Réglement concernant la durée des Privileges : telle eſt la baſe ſur laquelle repoſent les diſpoſitions dont nous allons vous rendre compte.

L'Article I preſcrit la néceſſité d'un Privilege ou de Lettres du grand Sceau pour imprimer ou faire imprimer les livres nouveaux.

L'Article II défend de ſolliciter la continuation d'un Privilege, à moins que le livre ne ſoit augmenté du quart, &, dans le cas d'augmentation, le même article réſerve la faculté d'accorder à d'autres la permiſſion d'imprimer l'ancienne édition non augmentée.

Par le IIIᵉ Article on déclare que les Privileges ne pourront à l'avenir être d'une moindre durée que de dix ans.

Par le IVᵉ le Privilege aura lieu, non ſeulement pour le terme exprimé, mais encore pendant la vie de l'Auteur, s'il ſurvit à l'expiration du Privilege.

Il eſt dit par le Vᵉ que tout Auteur, muni d'un Privilege, pourra vendre ſon ouvrage chez lui, qu'il jouira lui & ſes hoirs, à perpétuité, du Privilege qu'il n'aura pas rétrocédé aux Libraires ; mais que tout Privilege rétrocédé ſera réduit à la vie de l'Auteur, par le ſeul fait de la ceſſion.

Le VIᵉ Article permet à tout Libraire ou Imprimeur d'obtenir la permiſſion d'imprimer un ouvrage après l'expiration du Privilege & la mort de l'auteur ; & cette concurrence eſt illimitée, c'eſt-à-dire que pluſieurs pourront obtenir tous à la fois la permiſſion de faire une nouvelle édition d'un même ouvrage.

Le VIIᵉ Article ordonne que les Permiſſions ſeront expédiées ſur la ſimple ſignature du Directeur de la Librairie, & qu'il ſera donné connoiſſance de ces permiſſions à tous ceux qui en ſolliciteront du même genre.

Le VIIIᵉ prévoit le cas où l'on obtiendroit une Permiſſion ſans l'intention de la réaliſer, & pour empêcher que l'obtention d'une Permiſſion ne ſoit illuſoire par le non uſage, il eſt ordonné que ces Permiſſions ne ſoient accordées qu'à ceux qui auront payé le montant d'un droit porté au tarif qui ſera arrêté par M. le Garde des Sceaux.

C

Le IXe décide que le montant de ces droits sera payé entre les mains des Syndic & Adjoints ou de celui qu'ils commettront à cette recette, lesquels ne pourront s'en dessaisir que sur les ordres de M. le Chancelier ou Garde des Sceaux, pour les émoluments des Inspecteurs ou autres personnes préposées à la manutention de la Librairie.

Le X prescrit l'enregistrement des Permissions dans deux mois sur les Registres de la Chambre Syndicale de l'arrondissement.

Le XI a pour but de fixer la durée des Privileges antérieurs, & il ordonne que dans le délai de deux mois, pour Paris, & de trois pour la Province, tous les Libraires & Imprimeurs remettront les titres sur lesquels ils établissent leur propriété, entre les mains de M. le Camus de Néville, Maître des Requêtes, commis à cet effet, pour, sur le compte qu'il en rendra, leur être accordé par M. le Chancelier, ou Garde des Sceaux, s'il y échet, un Privilege dernier & définitif.

Le XII article enleve tout espoir d'aucune continuation de Privilege à ceux qui n'auront pas représenté leurs titres de propriété dans le délai prescrit.

Et le XIII enfin excepte des dispositions du Réglement les Privileges d'usages des Diocèses & autres de cette espece.

Ce simple exposé suffit pour vous faire connoître combien ce nouveau Réglement est opposé aux prétentions des Libraires & Imprimeurs de Paris sur-tout, qui réclament la propriété des ouvrages dont ils sont en possession, soit par l'acquisition qu'ils en ont faite des Auteurs, soit en vertu des Privileges qu'ils ont obtenus dans un temps où l'on n'avoit encore élevé aucune difficulté sur la nature de leur propriété, & sur celle du privilege qui n'en est que la conséquence.

Nous examinerons dans la suite l'une & l'autre de ces deux questions, & nous continuerons à vous rendre compte, quant à présent, du Réglement concernant les contrefaçons faites ou à faire : il a une liaison si intime avec le Réglement sur la durée des Privileges, qu'il est impossible de les séparer.

Ce nouveau Réglement est le sixieme des Arrêts du Conseil que la Cour nous a fait remettre.

Le préambule s'explique d'abord sur le tort que cause à la Librairie la multiplicité des contrefaçons faites au préjudice des Privileges déja obtenus. On y reconnoît que cet abus est destructif de la confiance, qui est le lien du commerce, & contraire à la bonne foi, qui doit en être la base ; que les Auteurs ne sont pas moins intéressés que les Libraires à voir réprimer, avec sévérité, la licence des contrefacteurs avides ; qu'il est indispensable de ramener tout le Corps de la Librairie à un plan uniforme. Mais comme il existe un grand nombre de livres contrefaits, qui forment la fortune de la plus grande partie des Libraires de Province, le Roi veut bien user d'indulgence, & relever les possesseurs desdites contrefaçons de la rigueur des peines portées par les Réglements.

C'est dans cette vue que le nouveau Réglement défend de contrefaire aucun livre pendant la durée des Privileges, ou même d'imprimer sans Permission après l'expiration du Privilege & le décès de l'Auteur, à peine de 6000 livres d'amende pour la premiere fois, & de pareille amende & de déchéance d'état en cas de récidive.

L'article II déclare l'édition contrefaite faisissable sur le Libraire comme sur l'Imprimeur, & soumet le Libraire aux mêmes peines.

L'article III déclare que le possesseur du Privilege n'en pourra pas moins former une demande en dommages intérêts, proportionnés au tort que la contrefaçon lui aura fait éprouver.

L'article IV autorise le possesseur, ou cessionnaire d'un Privilege, à se faire assister, en vertu du présent Réglement, d'un Inspecteur de la Librairie, ou, à son défaut, d'un Juge ou Commissaire de Police, pour visiter, à ses risques, périls & fortune, les Imprimeries, Boutiques, Magasins des Imprimeurs, Libraires & Colporteurs, où ils croiront trouver des exemplaires contrefaits; à la charge néanmoins d'exhiber préalablement à l'Inspecteur, Juge ou Commissaire, l'original du Privilege, ou son *duplicata* collationné; & dans le cas où il ne se trouveroit point de contrefaçons des ouvrages dont on auroit exhibé le Privilege, ceux chez qui on aura fait la visite, pourront se pourvoir en dommages intérêts contre ceux qui les feront, encore qu'ils eussent trouvé d'autres ouvrages contrefaits.

L'article V condamne au pilon les éditions justement saisies.

L'article VI légitime, avec des précautions, les contrefaçons antérieures au Réglement; il est ainsi conçu.

» Quant aux contrefaçons antérieures au présent arrêt, Sa Majesté vou-» lant user d'indulgence, releve ceux qui s'en trouveront saisis des peines » portées par les Réglements, en remplissant par eux les formalités pres-» crites par l'article suivant ».

Ces formalités prescrites par l'article VII, sont de représenter, dans le délai de deux mois, à l'Inspecteur, & à l'un des Adjoints de la Chambre Syndicale, dans l'arrondissement de laquelle ils seront domiciliés, les ouvrages contrefaits, pour être la premiere page de chaque exemplaire estampillée par l'Adjoint, & signée par l'Inspecteur.

L'article VIII fixe le terme, à compter duquel les deux mois de grace doivent courir; & l'article IX, également de forme, ordonne le renvoi à M. le Garde des Sceaux par l'Inspecteur, & de l'estampille, & du procès-verbal de ses opérations, à l'expiration dudit délai, passé lequel tous les livres contrefaits, & dénués de la signature & de l'estampille, seront censés nouvelles contrefaçons, & ceux sur lesquels ils auront été saisis, sujets aux peines portées par l'article I.

Vous vous rappellez, Messieurs, que par l'article IX de l'Edit sur la durée des Privileges, il annonce que l'on paiera les droits de chaque Permission nouvelle, conformément au tarif qui sera envoyé par M. le Garde des Sceaux. Ce tarif a été envoyé, & nous y voyons que

Pour une édition *in-32*, tirée à 1500 exemplaires; car la Permission contiendra le nombre des exemplaires qu'on doit tirer, on paiera par chaque volume . . . . 1 liv. 10 s.

Pour une édition *in-24*, tirée à 1500, par chaque vol. 3 . 15

Pour une édition *in-18*, par chaque volume . . 7 . 10

Pour une édition *in-16*, par vol. 15

      in-12. idem. 30

      in-8°. idem. 60

      in-4°. idem. 120

      in-folio, idem. 240

Enforte que pour une édition en 33 volumes, comme nous en avons vu de nos jours, le Libraire fera tenu de payer d'avance, & de verfer dans la caiffe 7920 liv. pour obtenir la Permiffion d'imprimer ; ce qui paroît énorme, même pour l'entreprife la plus confidérable.

Il a paru en même temps une notice des ouvrages qui deviendront communs : on a fait imprimer un tableau par lettres alphabétiques des livres qui pourront être demandés indifféremment par tous les Libraires du Royaume.

Telles font, Meffieurs, les difpofitions des fix Arrêts du Confeil, & principalement des deux derniers Réglements qui, fur-tout, ont paru mériter l'attention de la Cour.

Nous croyons avoir entiérement rempli tout ce que vous attendiez de notre miniftere dans la premiere partie que nous avons eu l'honnneur de vous annoncer. Paffons actuellement à la feconde ; elle embraffe le compte que nous devons rendre des pieces qui font annexées aux fix imprimés que la Cour nous a fait remettre.

SECONDE PARTIE.

Pieces annexées aux fix Arrêts du Confeil.

DEPUIS un fiecle & plus la Librairie vivoit fous la loi du Réglement de 1723 ; car ce Réglement lui même n'étoit que le réfultat des différentes loix qui avoient été données par les prédéceffeurs de M. le Chancelier d'Aguefleau, & ce chef de la Magiftrature y avoit réuni tout ce qui pouvoit intéreffer l'ordre public & l'intérêt particulier du Corps de la Librairie. Le Réglement de 1723, quoiqu'il n'eût pas été enregiftré en la Cour, étoit devenu le Code général de l'Imprimerie. C'eft d'après les difpofitions qu'il renferme, que les Auteurs traitoient avec les Libraires, que les Libraires fe concertoient dans leurs familles, que le public enfin jouiffoit à fon gré du fruit des veilles des Savants de tous les âges & de tous les pays. Un nouvel ordre de chofes paroît en 1777 : tout ce qui avoit été fait fous les Chanceliers d'Aligre, Seguier, d'Aligre, le Tellier, Boucherat, Phelippeaux, Voifin, d'Aguefleau & Lamoignon, fe trouve comme anéanti : de nouveaux principes écartent les anciens ; ce qui avoit été jufqu'alors regardé comme une vraie propriété, n'eft plus qu'une grace ; une jouiffance indéfinie devient une injuftice : les cris des Libraires de Province (*) l'emportent fur l'ufage antique & fur la poffeffion qui étoit devenue comme une forte de loi qui avoit confacré cet ufage. Tel étoit l'état de la Librairie au moment où elle fe vit en quelque forte dépouillée d'un droit qu'elle avoit jufqu'alors regardé comme fon patrimoine.

Ces nouveaux Réglements exciterent la plus grande commotion. Les Libraires & les Imprimeurs de Paris fe voyoient dépoffédés d'anciens Privileges qu'ils avoient acquis, ou de leurs propres confreres, ou des Auteurs eux-mêmes, fur la foi des anciens Réglements. La confternation s'empara des efprits ; le Corps de la Librairie fe crut entiérement perdu, à l'exception néanmoins de quelques Libraires & Imprimeurs qui n'alimentoient

____

(*) Ce n'eft pas la façon de penfer du plus grand nombre.

leurs magaſins que des contrefaçons qu'ils envoyoient en Province, ou de celles qu'ils en recevoient : mais les gens ſages, ceux qui ont toujours reſpecté la propriété, ceux qui auroient cru faire un vol en imprimant un livre dont un autre avoit le manuſcrit & le Privilege ; les gens honnêtes, les gens de probité, étourdis d'un Réglement auſſi inattendu, demeurerent dans un ſilence de ſurpriſe & d'abattement. Revenus bientôt de leur premier étonnement, ils crurent devoir porter les gémiſſements d'une douleur reſpectueuſe dans le ſein même de l'Adminiſtration. Les veuves des anciens Libraires donnerent l'exemple ; elles adreſſerent à M. le Garde des Sceaux de très humbles Repréſentations. Elles le prioient de conſidérer que leurs dots étoient paſſées tout entieres dans les fonds de leur commerce ; qu'elles avoient doté leurs enfants avec ces mêmes fonds ; que les uns & les autres ſeroient également ruinés, & qu'elles avoient le déſeſpoir d'enviſager pour l'avenir une perſpective encore plus cruelle : la loi nouvelle leur enlevoit toutes leurs reſſources ; elles ne pouvoient déſormais, ni aider leurs enfants, ni recevoir d'eux aucuns ſecours, & leurs magaſins devenoient une maſſe énorme qui acheveroit, par ſon inutilité, de les écraſer dans leur déſaſtre.

Remontrances des Veuves des Libraires. Piece n°. XI.

Cette réclamation des veuves de la Communauté réveilla, pour ainſi dire, le Corps entier : il préſenta un Mémoire très circonſtancié, dans lequel il réclamoit l'exercice d'une propriété qui avoit été juſqu'alors inconnue, d'une propriété qui ne pouvoit être compromiſe ſans opérer la deſtruction totale d'un Corps dont les travaux avoient pour but de faire paſſer à la poſtérité les connoiſſances humaines ; propriété enfin qui étoit la baſe & le fondement de tout le commerce de la Librairie, & que les Légiſlateurs les plus ſages avoient conſacrée par la poſſeſſion la plus conſtante & la plus légitime.

Mémoire pour la Communauté des Libraires & Imprimeurs Jurés de l'Univerſité. Piece n°. XII.

Ce n'étoit pas encore aſſez de cette réclamation : la Communauté des Libraires & Imprimeurs fait partie du Corps de l'Univerſité. L'Univerſité ne tarda pas à ſe réunir à la partie de ſes membres qui ſe trouvoit attaquée dans l'exercice de ſes droits. Le Recteur préſenta un Mémoire au nom de l'Univerſité en corps. En qualité de mere commune des Sciences, & particuliérement du bel Art qui les répand, l'Univerſité fit entendre ſa voix ; elle réclama contre la fixation de la durée des Privileges, & contre l'abus des contrefaçons ; elle renouvella toutes les plaintes qui avoient été déja faites pour arrêter un brigandage que la ſévérité des loix & la vigilance des Libraires intéreſſés à le découvrir, n'avoient jamais pu parvenir à réprimer ; elle repréſenta que les éditions de littérature ſolide, les ouvrages des anciens Auteurs Grecs & Latins, de nos Maîtres dans l'art d'écrire & de penſer, ſeroient abandonnés ; que les chefs d'œuvre de l'antiquité tomberoient bientôt dans l'oubli : le débit en ſera trop lent pour oſer entreprendre de les mettre de nouveau en lumiere ; on n'imprimera plus que des brochures éphémeres, des frivolités faites pour amuſer plutôt que pour inſtruire ; le goût des Sciences, l'amour des Lettres, l'état de la Typographie, ſe perdra peu à peu, & la France verra s'évanouir cette prééminence que ſes éditions avoient obtenue ſur celles des nations étrangeres.

Memoire de l'Univerſité. Piece n°. XIII.

Ces tentatives des veuves des Libraires, du Corps de la Librairie, de l'Univerſité elle-même demeurerent ſans effet. Le Corps de la Librairie voulut faire un nouvel effort ; il crut devoir s'adreffer directement au Roi. Il préfenta une Requête appuyée de deux Confultations, dans lefquelles on s'eft attaché fur-tout à détailler les principes fur la nature de la propriété Littéraire, & fur les effets des Priviléges en Librairie. La propriété de l'Auteur eft facrée & inconteftable, & cette vérité eft fi démontrée qu'elle eft même reconnue dans le nouveau Réglement : mais ajoute-t-on, fi cette propriété eft pleine & entiere dans la main de l'Auteur, elle doit être la même dans la main du Libraire qui acquiert le Manufcrit de l'Auteur ; car fi l'Auteur eft propriétaire, il a droit de céder fa propriété, & s'il lui eft interdit de la tranfporter, c'eft lui interdire le droit de tranfporter ce qui lui appartient, c'eft attaquer fa propriété, c'eft la reftreindre, c'eft l'anéantir.

Requête au Roi. Piece n°. XIV.

A l'égard des effets du Privilege, on les fait envifager fous deux points de vue différents, parce qu'ils ont des motifs & un objet différent. Un Privilege eft une permiffion d'imprimer, & une permiffion exclufive d'imprimer. La néceffité de la permiffion eft fondée fur l'intérêt public, pour prévenir les abus trop fréquents de la facilité de multiplier un ouvrage fouvent dangereux. La permiffion exclufive eft, au contraire, uniquement relative à l'intérêt de celui qui obtient le Privilege. Cette faculté exclufive a pour but d'empêcher un tiers de s'approprier le bien d'autrui par une contrefaçon toujours puniffable. Mais quoique le Privilege réuniffe en même temps la permiffion d'imprimer, & la permiffion exclufive de le faire, cette permiffion, & cette exclufion de la concurrence font des acceffoires que l'ordre public a dû admettre ; mais ni l'une ni l'autre ne donnent la propriété, elles la fuppofent au contraire dans la main de celui qui a obtenu le Privilege.

Requête au Roi pour les Veuves des Libraires & Imprimeurs. Piece n°. XV.

Ce nouvel effort de la Librairie fe communiqua bientôt à tout le corps : les veuves renouvellerent leurs premieres démarches ; elles fe crurent autorifées à préfenter de même une requête au Roi, comme ayant un titre fpécial à la protection & à la juftice de leur Souverain.

Après avoir rappellé les inconvéniens des nouveaux Réglements, elles s'attachent fur-tout à prouver que cette concurrence ruineroit tout le commerce de la Librairie, & finiroit par être très préjudiciable au public, parce qu'après avoir fait baiffer le prix actuel des livres, elle le feroit enfuite monter à un taux exceffif par le défaut de réimpreffion.

Ces deux requêtes ne paroiffent point avoir eu plus de fuccès que tout ce qui avoit été fait jufqu'alors. Le Corps de la Librairie ne défefpéra pas néanmoins de réuffir. Pénétré de la juftice de fa réclamation, après avoir long-temps oppofé une réfiftance paffive à l'exécution des nouveaux Réglements, il fe vit obligé de fortir de l'inaction refpectueufe dans laquelle il s'étoit renfermé. Les nouveaux tarifs des différents droits qui avoient été annoncés, furent adreffés au Corps de la Librairie. Il profita de cette circonftance pour faire de nouvelles inftances fur ce premier effet des arrêts du Confeil dont ces tarifs étoient l'exécution. Il adreffa à M. le Garde des Sceaux de nouvelles repréfentations fur les tarifs qui alloient devenir la loi de la Librairie.

Repréfentations fur les deux Tarifs. Piece n°. XVI.

Ces repréfentations font diftribuées en deux parties ; dans la premiere, on examine le tarif des droits fur les réceptions ; dans la feconde, on difcute le tarif des droits fur les permiffions d'imprimer.

A l'égard des droits pour les réceptions, les Libraires, quoique professant un état le plus honnête & le plus distingué dans le Commerce, avouent que la médiocrité de la fortune de la plupart d'entre-eux, ne leur permettoit pas de croire que le prix de chaque réception fût porté à un taux si exorbitant. Le prix de la réception des Libraires & Imprimeurs est plus fort que celui fixé par les lettres-patentes pour le commerce de la Draperie dont l'étendue est immense. Il est encore au-dessus du taux des Epiciers & des Marchands de vins dont le trafic est beaucoup plus lucratif que le commerce de la Librairie. Comment se peut il qu'un apprentif Libraire paie le double de ce que doit payer un Marchand Mercier, & le triple de ce que paient les autres membres des Six-Corps.

Jusqu'à cette époque, le prix des réceptions étoit employé aux frais qu'exigeoit le régime de la Communauté, soit pour les dépenses particulieres, soit pour les dépenses publiques : mais d'après les nouveaux Réglemens, l'augmentation des nouveaux droits ne doit pas tourner au profit de la Communauté ; cet excédant doit être versé dans la caisse établie par l'article IX de l'arrêt du Conseil concernant les réceptions, & les Syndic & Adjoints qui sont chargés de faire cette perception ne peuvent s'en dessaisir que sur un ordre du chef de la Magistrature. Les Libraires ajoutent qu'ils ne cherchent point à critiquer l'usage qu'on pourra faire de cet excédant ; mais ils affirment que l'utilité qu'on espere en retirer ne balancera jamais le préjudice que doit occasionner cette perception.

Le Corps entier y voit avec frayeur la nécessité inévitable de sa dissolution ; & cette nécessité devient encore plus effrayante & plus réelle en laissant subsister le tarif pour les permissions d'imprimer, & voici comme on le prouve.

La concurrence est un principe destructif en matiere de Librairie. Elle exista dans l'origine lors de l'invention de l'Imprimerie. Cette concurrence a été la source de la ruine des plus fameux Imprimeurs. On se hâta de la limiter : cette limitation excita des clameurs ; mais l'expérience a fait proscrire tout-à-fait la concurrence, & c'est depuis cette époque qu'on a vu fleurir la Librairie, sur-tout en France. Le Corps de la Librairie devoit-il craindre qu'en légitimant les contrefaçons déjà faites, on voulût encore établir un nouvel impôt sur les permissions d'imprimer. Cet impôt sera la source des plus grands malheurs. L'Administration n'a pas senti toutes les conséquences du nouveau droit qu'elle ordonne de percevoir : quel est le Libraire qui voudra désormais se charger d'une entreprise considérable, lors qu'on mettra, pour ainsi dire, le travail de l'Imprimeur à contribution ; & que pour avoir un bénéfice souvent incertain, on lui fait payer réellement & d'avance une grande partie du bénéfice qu'on suppose qu'il doit réaliser. (Le Ministere cherchoit autrefois à encourager les éditions nombreuses & du plus grand format, & le Roi, pour favoriser la réimpression des grands ouvrages, prenoit d'avance un nombre considérable d'exemplaires dont il assuroit le prix, pour enhardir la confiance & diminuer le risque de l'entreprise). A-t-on fait attention aux avances énormes qu'il faudra faire pour obtenir la permission de réimprimer les livres les plus dispendieux, & d'un débit assuré mais le plus lent.

Pour réimprimer le Journal des Audiences en sept volumes in-folio, il en coûtera d'avance 1680 livres; pour l'Histoire Ecclésiastique de M. de Fleury il faudra payer 4440 livres; pour l'Histoire de France de Daniel 2040 livres; pour le Dictionnaire des Arrêts 1800 livres; que deviendra l'Imprimerie avec un impôt si onéreux, puisqu'il se préleve avant même que l'ouvrage puisse se débiter?

Les Libraires finissent enfin par examiner l'objet & l'emploi de cet impôt. L'objet est d'obliger de faire usage des permissions; l'emploi est de payer les Inspecteurs de la Librairie. Cet objet & cet emploi deviennent inutiles, puisque les contrefaçons se multiplient à un tel point qu'on n'en fait plus un mystere; & quoiqu'il ait été défendu de faire circuler aucune Encyclopédie, personne n'ignore qu'on fait publiquement à Lyon une nouvelle édition de ce livre proscrit dans tout le royaume.

Ces répréfentations ont encore été inutiles; on a preffé de nouveau l'exécution des Réglements, & chaque jour éclairoit une nouvelle atteinte au Commerce qui languit, & deviendra un abîme de malheurs pour tous ceux qui chercheront déformais à l'entreprendre.

Preffé de tous les côtés, & par son intérêt perfonnel, & par l'exécution des nouveaux Réglements, le Corps de la Librairie chercha encore à se dégager du poids des nouvelles entraves auxquelles on vouloit l'affujettir. La Communauté s'affembla le 19 Janvier de la préfente année. Le Syndic

Délibération de la Communauté. Piece n°. XVII.,

rendit compte à cette affemblée des démarches qu'il avoit faites; il déclara que la Députation avoit porté à M. le Garde des Sceaux les repréfentations de la Communauté; qu'il n'en avoit pas de réponfe; mais en même-temps il fit connoître à l'affemblée que le Bureau étant allé rendre fes devoirs à M. le Garde des Sceaux, à l'occafion de la nouvelle année, il leur avoit dit qu'il avoit lu les repréfentations de la Communauté, & qu'il voyoit bien qu'il y avoit quelque changement à faire aux tarifs. Après cet expofé, le Syndic propofa de profiter des bonnes intentions de M. le Garde des Sceaux, & d'empêcher que le filence de la Communauté ne pût donner lieu de penfer que quelques réformations dans les tarifs étoient feulement l'objet de leurs demandes.

D'après cet expofé, il fit la lecture d'un Mémoire fur cet objet, & le Mémoire ayant été approuvé, il fut réfolu qu'il feroit figné par tous les Membres de la Communauté, & préfenté à M. le Garde des Sceaux.

Réfultat des Repréfentations Piece n°. XVIII.

Ce Mémoire eft le réfultat des repréfentations qui avoient été faites, l'original en a été dépofé dans la Chambre Syndicale, & le double en a été préfenté à M. le Garde des Sceaux au commencement du mois de Février dernier.

On y établit que la propriété d'un ouvrage eft la même, foit qu'il fe trouve dans les mains de l'Auteur, foit qu'il foit paffé dans celles du Libraire ou de l'Imprimeur; que la permiffion d'imprimer ne crée point la propriété, qu'elle la fuppofe, & que le Privilege n'eft que la fauve-garde de la propriété; qu'il eft vrai que ce principe avoit fouffert quelque atteinte, mais que la vérité fut bientôt reconnue, & qu'elle triompha d'une opinion paffagere fondée fur la liberté publique qu'on cherchoit à faire prévaloir fur le droit réel de la propriété; que les défordres de la concurrence la firent profcrire à perpétuité pour tout ce qui s'appelle les livres dont les Auteurs font connus, & par conféquent propriétaires de leurs

ouvrages.

ouvrages. C'eſt ſur ce principe, que la Librairie a élevé les fondements de ſon état ; c'eſt d'après cette propriété, que les Libraires ont acquis, vendu, échangé, partagé, donné en dot, non ſeulement les livres qu'ils avoient dans leurs magaſins, mais encore les manuſcrits, les Privileges, les portions de Privileges dont ils étoient propriétaires.

Les nouveaux Réglements les dépouillent de cette partie de leur patrimoine la plus précieuſe ; les traités qu'ils ont faits avec les Auteurs ou avec leurs confreres, deviennent incertains ; les partages faits dans leurs familles ſont illuſoires ; les dots n'ont plus d'hypotheque ; le Commerce de la Capitale va s'anéantir ; l'état de la Librairie eſt détruit : comment traiter avec un Auteur ? ſa propriété eſt tellement reſtreinte, qu'il ne peut en diſpoſer ſans s'expoſer à la perdre, & la propriété du Libraire s'évanouir, puiſque le Réglement a une force rétroactive qui exproprie chaque Libraire ou Imprimeur d'un droit qu'il avoit recueilli dans l'héritage de ſes peres, ou d'un droit qu'il avoit lui-même acquis des fonds de ſon commerce.

Après avoir traité la queſtion de propriété, les Libraires diſcutent l'impôt ſur la permiſſion d'imprimer. C'eſt, diſent-ils, un des plus ruineux qu'on ait pu imaginer, & cette ſomme qu'on oblige l'Imprimeur d'avancer eſt ſeul capable d'opérer le découragement, & de laiſſer les preſſes dans l'inertie. Ils enviſagent l'impôt ſous deux faces, en lui-même, & eu égard à ſon emploi.

Quant au premier objet, l'impôt en lui-même : le but de cet impôt eſt d'obliger à faire uſage des permiſſions. Mais quel intérêt ſi grand le Public a-t-il ſur l'uſage des Permiſſions, pour qu'on ſoit forcé d'établir un impôt ſur toute une Communauté, impôt dont le poids ne peut que produire le non uſage qu'on cherche à prévenir.

A l'égard de l'emploi, il eſt deſtiné à gratifier les Inſpecteurs & d'autres perſonnes deſtinées à la manutention de la Librairie. Mais, diſent les Libraires, les contrefaçons n'ont jamais été plus fréquentes que depuis qu'il y a des Inſpecteurs. Et enfin, Meſſieurs, nous trouvons que dans le compte très abrégé qui vous a été déjà rendu de ce réſultat du Mémoire par un de Meſſieurs, il ſe demande à lui-même, avec cette force qui lui eſt perſonnelle, & cette noble liberté qui caractériſe le Magiſtrat,

Pourquoi les fonctions, appointements, les noms mêmes des prépoſés à la Librairie ne ſont pas rendus publics.

Pourquoi le produit des droits deſtinés à la caiſſe établie par l'article IX de l'arrêt du Conſeil ſur la durée des Privileges n'eſt pas connu.

Pourquoi le rapport de la recette à l'emploi n'eſt pas nettement, hautement & ſolemnellement déterminé ?

Pourquoi cette impoſition conſidérable ſur la Permiſſion n'eſt pas créée par une Loi ?

Enfin pourquoi du moins l'augmentation des droits de réception n'eſt-elle pas arrêtée au Conſeil en préſence du Roi, comme en 1723.

Reſte ce qui concerne les contrefaçons. Les Libraires obſervent de nouveau que les contrefaçons, reconnues & déclarées deſtructives du Commerce & contraires à la bonne foi, ſe trouvent néanmoins légitimées au préjudice des propriétaires non-ſeulement du manuſcrit, mais du Privilege excluſif que ces propriétaires avoient obtenu ;

D

Que la formalité de l'eſtampille & de la ſignature de l'Inſpecteur eſt abſolument illuſoire, parce que le Contrefacteur, en réimprimant le feuillet
eſtampillé, vendra la contrefaçon elle-même pour l'édition originale.

Que les ſaiſies autoriſées par le nouveau Réglement devenant imprudentes ou impoſſibles par la crainte des dommages-intérêts, même à la
vue d'autres ouvrages contrefaits, mais qui n'auront pas été indiqués, c'eſt
aſſurer l'impunité de tous ceux qui voudront ſe livrer aux contrefaçons.

Qu'ils oſent dire que l'indulgence du Roi a excédé ſon pouvoir, puiſ-
que le Roi ne peut faire remiſe des droits d'autrui ; & enfin que cette indulgence, loin d'être un gage de la circonſpection des Contrefacteurs, encouragera la fraude pour l'avenir : l'eſpérance d'obtenir un pareil traitement ſera un motif de plus, puiſqu'il ne s'agira que de multiplier les
contrefaçons à un degré ſuffiſant pour démontrer qu'il y va de la totalité
de la fortune de ceux qui n'auront pas craint de s'expoſer à la rigueur des
peines avec l'eſpoir d'en obtenir la rémiſſion.

Juſqu'à préſent, Meſſieurs, nous nous ſommes occupés du compte que
la Cour nous a chargés de lui rendre, & nous avons ſuivi les pieces qu'elle
nous a fait remettre dans l'ordre même où elles nous ont été remiſes. Il n'a
été queſtion que de l'intérêt du Corps de la Librairie en général, & relativement aux plaintes que tous les membres peuvent former entre eux. Le
compte qui nous reſte à mettre ſous vos yeux, dans cette ſeconde partie,
eſt perſonnel à quelques particuliers, & relatif aux conteſtations qui ſe
ſont élevées dans le Corps, ſoit entre les Libraires & les Imprimeurs, ſous
cette qualité, ſoit entre les Libraires & les Auteurs, &, enfin, a trait aux
jugements qui ont été rendus dans les Tribunaux depuis les nouveaux Réglements.

Pour faire connoître plus particuliérement à la Cour les effets immédiats de ces nouveaux Réglements ſur l'état de la Librairie, on lui a rendu
compte du Mémoire d'un Libraire de cette Capitale, le ſieur le Clerc. Ce
Mémoire a été préſenté au Directeur de la Librairie, & au ſieur Lieutenant-Général de Police, & il en a été délivré une copie au Syndic de la
Librairie. L'Auteur a adreſſé ce triſte monument de ſa ruine à celui de
Meſſieurs qui a fait le récit qui donne lieu à cette Aſſemblée. Ce Mémoire a
été remis ſur le Bureau, & nous ſommes dans le cas de vous en rendre compte.

L'Auteur expoſe qu'il ne poſſede le droit d'imprimer aucun livre en tout
ou en partie, que par acquiſition : la ſource de ſa propriété eſt l'acquiſition
qu'il a faite du fonds de ſon pere, par acte paſſé devant Notaires, & il a
remis à ſa ſœur la moitié du prix de ce fonds qui étoit commun entre eux.

L'Auteur entre enſuite dans le détail des différents articles dont il eſt
devenu propriétaire, ſoit comme héritier de ſon pere, ſoit comme Auteur,
ſoit comme ayant acquis d'autres propriétaires. Il paroît qu'il a fait l'acquiſition de 56 ouvrages différents, entre autres de Racine, de Moliere,
de Regnard & de la Chauſſée.

Après cet expoſé, l'Auteur termine ſon Mémoire par le tableau vraiment pathétique de ſa poſition.

» J'ai cinquante quatre ans ; je fais vivre ma femme & cinq enfants,
» reſte de quatorze. La dépenſe néceſſaire de ma maiſon m'empêche
» d'augmenter mon patrimoine, quoique je ne donne aucun temps à l'a-
» muſement. Malgré mon peu de fortune, l'eſtime de mes confreres m'a
» fait remplir toutes les places où un homme de mon état peut parvenir ;

Mémoire de le Clerc. Piece n°. XIX.

» j'ose même dire que je m'y suis rendu utile. S'il falloit que je perdisse
» mon fonds de Librairie, la seule chose que je possede au monde, je re-
» garderois comme un bienfait la mort d'un sixieme enfant que j'ai perdu
» depuis la publication des arrêts du 30 Août dernier. Je ne desirerois pas
» la mort des autres, mais je verrois venir la mienne avec indifférence,
» pour n'être pas témoin de la misere qui les attend.

» La justice & la bonté du Roi me rassurent ; il ne me verra pas priver
» d'une propriété que je lui fais connoître, & que j'ai acquise sur la foi des
» loix qui ont été en vigueur jusqu'ici ; il me la conservera au contraire à
» perpétuité, comme il conserve celle des Auteurs qu'il connoît, sauf à
» me conformer, dans mes acquisitions futures, aux nouveaux arrêts,
» s'ils ne sont pas révoqués ».

Tel est, Messieurs, le langage de ce pere infortuné. Nous avons une
connoissance personnelle de ses talents, de son mérite & de sa probité ;
nous n'hésitons point à lui rendre la justice qui lui est due : il s'est rendu
utile au public par ses travaux particuliers, & par les notes & les augmen-
tations qu'il a faites à plusieurs éditions. Nous ne doutons pas que dans le
tableau particulier qu'il donne de son fonds de Librairie, il n'ait donné
un tableau général du commerce de la Librairie ; mais ce qui doit sur-tout
effrayer, c'est qu'il n'est pas le seul dont les craintes aient répandu l'amer-
tume sur le reste de la vie.

En effet, vous n'avez encore vu qu'une partie des malheurs qui vont
accabler le Corps de la Librairie. Les Imprimeurs & les Libraires se regar-
doient comme propriétaires des ouvrages qu'ils avoient acquis ; dépouillés
de cette propriété par le Réglement nouveau, ils sont contraints à l'exécution des traités qu'ils ont faits, par les jugements des Tribunaux. En
voici un exemple bien frappant.

Un sieur Paucton est Auteur d'un ouvrage, intitulé : *Métrologie, ou
Traité des Mesures, Poids & Monnoies de l'antiquité & d'aujourd'hui* ; il
avoit vendu son manuscrit à la veuve Desaint par un acte antérieur de
près d'un mois, nous ne dirons point à la date du Réglement, à la publication de l'arrêt du Conseil du 30 Août dernier : le marché est du 13 Septembre ; le Réglement a été envoyé à la Chambre Syndicale le 23 Octobre. La veuve Desaint voit que cette propriété qu'elle avoit cru acquérir
à toujours, est réduite, par le seul fait de la cession, à la vie de l'Auteur,
ou à dix années, s'il vient à décéder avant l'expiration du Privilege qu'elle
obtiendra. La veuve Desaint refuse d'imprimer l'ouvrage en un volume
in-4. comme elle en étoit convenue. Elle est assignée au Châtelet ; elle demande le rapport de la Permission d'imprimer. La sentence condamne le
sieur Paucton à rapporter cette Permission. Il satisfait à la sentence interlocutoire ; il rapporte une Permission, & cette Permission portoit que si le
sieur Paucton la cédoit, alors par le seul fait de la cession, la durée du Privilege seroit réduite à celle de la vie de l'Auteur, ou de dix années. La
veuve Desaint n'a pas cru devoir se contenter de cette simple Permission,
parcequ'elle étoit limitée ; elle a persisté dans le refus d'imprimer : & sur
cette défense respective, le Chatelet a ordonné que le traité seroit exécuté ;
&, sans s'arrêter aux clauses & conditions insérées aux Lettres de Privilege obtenues par le sieur Paucton, on a maintenu la veuve Desaint dans
la propriété pleine & incommutable de l'ouvrage, & du droit exclusif de
le faire imprimer & de le vendre par elle, ses hoirs & ayants cause, con-

Mémoires im-
primés. Pieces
n°. XX & XXI.

formément au traité fait double entre les Parties.

Le sieur Panckon a interjetté appel de cette Sentence ; & par arrêt contradictoire du 10 Février de la présente année, elle a été confirmée.

Arrêt. Piece n°. XXII.

Voilà donc une premiere décision contraire à la regle que l'on veut introduire. Mais cette contestation n'est pas la seule. Le sieur Pillot Libraire, est en procès avec le sieur Boucher, aussi Libraire, & beau frere de la dame Pillot. Le sieur Boucher, sous prétexte des nouveaux Réglemens, refuse au sieur Pillot le paiement d'une somme de 5000 livres, prix convenu pour la cession faite par le sieur Pillot de plusieurs livres & parts de Privileges dépendans de la dot de la dame Pillot. Cette contestation est encore indécise ; mais quelle en sera l'issue ?

Mémoire imprimé. Piece n°. XXIII.

Le sieur Debure fait de même difficulté de payer des rentes qu'il a constituées en paiement de Privileges à lui cédés, soit par des Auteurs, soit par des Libraires. Le sort de cette contestation peut il être équivoque d'après l'arrêt de la Cour du 10 Février dernier ? si l'exécution des traités est ordonnée, l'acquéreur est certainement lésé, parcequ'il a voulu acquérir une propriété incommutable ? Si le Réglement pouvoit prévaloir, un acte de bonne foi, un acte de vente fait d'après l'usage constant, seroit anéanti : un Réglement que la Cour ne connoît pas l'emporteroit sur des loix enregistrées. Et dans le cas où la Cour ordonneroit l'exécution des traités, cette exécution devient impossible par la seule existence des nouveaux Réglemens. Quelle contradiction dans le commerce ! D'un côté les nouvelles permissions priveront, par le fait, l'acquéreur de la propriété de la chose vendue ; d'un autre côté, les Magistrats feront payer au vendeur le prix de la propriété dont il est dépouillé : quelle affreuse perspective pour le Corps de la Librairie ! Il n'osera ni entreprendre une nouvelle édition, ni acquérir un ouvrage nouveau, ni s'opposer aux contrefaçons. Chaque membre craindra de continuer son état, ou de l'abandonner, & l'art de la typographie retombera dans cet état de léthargie dont il avoit été tiré sous le regne de Louis XIV, qui, en faisant la loi à toutes les Nations, avoit également fixé dans la France les Sciences, les Lettres & les Arts, qui s'établissent par-tout où la gloire leur annonce des succès & leur promet de nouveaux triomphes.

Nous terminerons ici la seconde Partie du Compte que la Cour attend de notre ministere.

Nous vous avons fait voir, dans la premiere, la nature & les effets des arrêts du 30 Août 1777. Vous y avez vu la propriété attaquée par l'effet rétroactif des nouveaux Réglemens ; un impôt établi sans Lettres Patentes ; des tarifs qui ne paroissent point émanés de la puissance royale ; une caisse sans comptabilité, & des Préposés inconnus revêtus de l'autorité.

Nous vous avons fait voir dans la seconde les réclamations multipliées du corps de la Librairie, les principes qu'il invoque, la possession qu'il réclame, enfin l'état d'anéantissement où il se trouveroit si les nouveaux Réglemens pouvoient subsister.

Il ne nous reste plus, pour remplir la mission que la Cour nous a donnée, que de lui rendre compte de tous les Réglemens intervenus sur le fait de la Librairie depuis l'époque de son invention jusqu'à nos jours. Ce détail est on ne peut pas plus étendu ; & pour nous mettre à portée de terminer peut-être dans une même séance, nous supplions la Cour de continuer à la huitaine.

TROISIEME PARTIE.

Anciens Réglemens intervenus sur la Librairie.

(*Séance du 27 Août 1779.*)

PAR son arrêté du 23 Avril dernier, la Cour a ordonné qu'il nous seroit remis , premiérement, le récit fait par un de Messieurs ; secondement , les pieces annexées à ce récit , pour lui en rendre compte , ensemble des Réglemens antérieurs au sujet de la Librairie.

Nous avons eu l'honneur, dans la derniere Assemblée, de satisfaire , autant qu'il a été en nous , aux intentions de la Cour. Le compte que nous avons rendu embrassoit tout-à-la-fois , & ce qui résultoit du récit , & ce qui résultoit des pieces jointes à ce récit ; il ne nous reste plus qu'à mettre sous les yeux de la Cour un tableau fidele de tous les Réglemens intervenus sur la matiere.

Nous le répéterons encore en ce moment ; nous ne nous flattons point d'avoir réuni toutes les loix , toutes les décisions, tous les jugemens rendus suivant les circonstances , & peut-être faits pour l'instant , lors actuel : ce travail eût été immense sans doute , infructueux peut-être , même impossible : comment en effet rassembler tous les Réglemens rendus dans des temps éloignés & , pour ainsi dire, inconnus ? Mais au moins pouvons-nous assurer que nous avons recueilli toutes les Ordonnances & les loix générales que la sagesse de nos Rois a fait publier , & la majeure partie des Réglemens généraux & particuliers que les contestations particulieres ont fait naître , & c'est sans doute tout ce que la Cour peut attendre de notre ministere.

Avant d'entrer dans le détail de tous ces Réglemens , nous ne pouvons nous dispenser de présenter ici quelques notions préliminaires pour servir d'introduction à la matiere qui nous occupe. Ce sera, pour ainsi dire, la partie historique de notre travail.

Dans les premiers siecles du monde, l'homme s'est contenté de l'usage de la parole, & pour transmettre ses idées, il n'avoit imaginé d'autre secret que de dessiner l'image des choses dont il vouloit parler. La premiere écriture a donc été une représentation , sans doute très-informe, des objets de la nature. C'étoit un premier pas nécessaire à l'instruction des siecles à venir. La nécessité, mere de l'industrie, a imaginé depuis une sorte d'écriture représentative des sons ; c'étoit un Art nouveau , & c'est à cet Art que nous devons les connoissances de la plus haute antiquité ; delà les progrès de la raison humaine ; delà l'établissement de tous les Arts, la perfection de toutes les Sciences.

Un génie heureux sentit que le discours, quelque varié qu'il fut , quelqu'étendu qu'il put être par les idées, n'étoit pourtant composé que d'un certain nombre de sons , & qu'il étoit possible de leur assigner à chacun un caractere représentatif. Il abandonna l'écriture représentative des êtres vivans & des choses inanimées, pour s'en tenir à la combinaison des sons. Le même génie qui avoit apperçu que les sons du langage pouvoient se décomposer, en eut bientôt fait l'énumération. La com-

E

binaifon étoit la conféquence de la découverte. La premiere étoit un coup de génie ; la feconde fut un fimple calcul, un effet de l'attention.

Delà, Meffieurs, la naiffance de l'écriture. Heureufe invention qui, en fixant le fon de la voix, exprime toutes les penfées, peint tous les objets ! On parle aux yeux, & la parole prend une véritable confiftance ; elle paffe à la poftérité la plus reculée. Les caracteres repréfentatifs des fons une fois déterminés, les progrès de l'écriture devinrent on ne peut pas plus rapides.

Toutes les Nations ont eu fucceffivement leurs Ecrivains, c'eft-à-dire, des gens qui fe font confacrés à recueillir les faits, à conferver ou à étendre les découvertes qui fe faifoient dans chaque fcience. En travaillant pour leurs Contemporains, ils travailloient pour les fiecles à venir. C'eft aux veilles de ces Citoyens, auffi éclairés que laborieux, que nous devons l'éclat & la perfection des Arts & des Sciences dans tous les genres.

Depuis l'invention de l'écriture il a dû exifter de même, chez tous les Peuples, des hommes qui fe font fait un état de multiplier les productions du génie.

Les Romains en connoiffoient deux efpeces, les uns s'appelloient *Librarii*, les autres *Bibliopoli*. Les *Libraires* étoient ceux qui écrivoient pour le Public, & que nous appellons aujourd'hui *Ecrivains*. Les *Bibliopoles* tenoient magafin des Manufcrits qu'ils avoient copié ou fait copier, & ils les vendoient au Public. C'eft ce que nous appellons aujourd'hui des *Libraires*.

A l'exemple des Romains, nous avons eu en France des hommes qui fe font dévoués à copier & débiter les différentes productions des Auteurs, foit de l'antiquité, foit du fiecle dans lequel ils ont vécu : ils formoient, dans les temps les plus reculés, une Communauté ou Corps compofé de gens dont les fonctions étoient différentes. Il réuniffoit les Ecrivains, les Parcheminiers, les Relieurs, les Enlumineurs & les Libraires.

Le Parcheminier préparoit les peaux fur lefquelles on écrivoit, l'Ecrivain qu'on appelloit ftationnaire, parce qu'il étoit comme en ftation dans des endroits fixes, copioit fur les peaux l'ouvrage que le Libraire fourniffoit. Le Relieur mettoit en volumes les feuilles copiées ; l'Enlumineur peignoit, relevoit d'or bruni, en un mot, décoroit le volume, qui retournoit alors chez le Libraire pour être vendu au Public.

Ce Corps a toujours été dépendant de l'Univerfité, & on les appelloit les Libraires jurés de l'Univerfité, parce qu'ils prêtoient ferment entre les mains du Recteur.

Il paroît que l'Empereur Charlemagne, qui s'occupa principalement du progrès des Sciences & de la renaiffance des Lettres, fut le premier qui affocia la Librairie à l'Univerfité. Il accorda à la Librairie les mêmes prérogatives, & depuis ce temps elle a joui des mêmes priviléges.

Tel étoit l'état de la Librairie lorfque Charles VII parvint au Trône en 1422 ; l'Imprimerie n'exiftoit point encore. La naiffance de cet Art heureux, qui multiplie avec tant de facilité ce qui coutoit tant de foins, & employoit tant de temps à copier, vint donner une nouvelle exiſtence à la Librairie. Ce fut vers le milieu du quinzieme ſiecle qu'on fit une découverte ſi précieuſe, à peu-près dans le même-temps où l'impreſſion de la gravure ſur cuivre fut connue. Les Romains n'avoient qu'un pas à faire pour en obtenir la gloire ; ils avoient connu l'art de graver ſur bois ; & s'ils avoient ſu tirer des épreuves de leurs planches, il eſt vraiſemblable qu'ils auroient tranſporté cette invention à l'impreſſion des Livres.

L'invention de l'Imprimerie, ſur l'époque de laquelle les Savans ſont diviſés de quelques années, eſt due à un ſieur Guttemberg, iſſu d'une famille patricienne de la Ville de Mayence. Guttemberg, peu de temps après cette époque, s'aſſocia avec Fauſt de Mayence ; mais l'un & l'autre n'avoient imprimé qu'avec des lettres ſculptées en relief ſur bois ; & dans ces commencemens, l'impreſſion étoit encore brute & imparfaite.

Une premiere idée en amene une autre, & ſouvent le génie, quoique créateur, ſemble n'avoir pas aſſez de force pour porter ſa découverte à ſa perfection. Telle eſt la preuve de la foibleſſe humaine. Les choſes les plus utiles ne ſe perfectionnent que par degrés. Guttemberg a eu ſans doute tout le mérite de l'invention, il s'étoit aſſocié avec Fauſt de Mayence. L'Eleve ou l'apprentif de Fauſt porta au dernier degré l'invention de Guttemberg : cet Eleve trouva le ſecret d'imprimer avec des lettres mobiles de fonte.

Voilà, Meſſieurs, ce qui conſtitue eſſentiellement l'origine de cet Art admirable. Fauſt, aſſocié de Guttemberg, reconnut combien cette nouvelle invention étoit précieuſe, pour ne pas laiſſer ſortir ce ſecret de ſa famille. Il fit ſon gendre de ſon apprentif ; Pierre Schoeffer devint l'aſſocié de Fauſt, & Guttemberg fut chargé de la Société.

C'eſt ainſi que l'Art s'eſt perfectionné ; d'abord on s'eſt ſervi de tables gravées ſur bois ; mais la même planche ne pouvoit être employée que pour imprimer une même page ; & ſi l'on pouvoit multiplier les Copies, le temps qu'il falloit donner à ſculpter & à graver chaque planche, cauſoit un retard immenſe. Les lettres mobiles de fonte ſont par conſéquent la ſeule baſe de l'Imprimerie. C'eſt ainſi qu'on eſt parvenu par le ſecours de l'impreſſion, non-ſeulement à multiplier rapidement les connoiſſances, mais encore à fixer & à tranſmettre la penſée des hommes. Tous les autres Arts qui ſervent à perpétuer nos idées, périſſent ſous les coups du temps. Les ſtatues tombent en pouſſiere, les édifices durent moins que les ſtatues, les couleurs périſſent encore plutôt que les édifices. L'art de la Typographie donne un avantage inappréciable aux Ouvrages des Auteurs ſur ceux des plus célebres Artiſtes : on peut multiplier leurs Ecrits, en tirer, en renouveller les exemplaires, ſans que la Copie cede en valeur aux Originaux. L'Imprimerie fera paſſer leurs noms & les fruits de leurs travaux juſqu'à la fin des ſiecles, & les chef-d'œuvres de l'Antiquité, après nous avoir ſervi de modeles, nous devront eux-mêmes leur immortalité.

Perſonne n'ignore comment l'Art de l'Imprimerie, concentré dans une ſeule famille, ſe répandit dans toute l'Europe. Le ſecret de l'invention fut difperfé par l'effet de la révolution qu'éprouva la Ville de Mayence en 1462. Adolphe, Comte de Naffau, furprit cette Ville Impériale, & lui ôta tous fes priviléges. Les Ouvriers de Fauft & de Schoeffer prirent la fuite, fe difperferent & porterent leur Art dans les lieux & dans les pays où il étoit inconnu.

On vit auffi-tôt s'élever des Imprimeries chez prefque toutes les Nations. La France ne fut pas la derniere à profiter de cette découverte, elle y fit des progrès rapides ; mais cet Art n'en fut pas moins regardé dans les commencemens, comme tenant du prodige & même du fortilege.

Un Imprimeur Allemand envoya à Paris, à-peu-près en 1470, différens exemplaires de la Bible. Ses Facteurs auroient pu les vendre au moins cent écus, ils les donnerent pour foixante ; ce bon marché furprit. Les Acheteurs ne fe laffoient point d'admirer la parfaite conformité des exemplaires ; ils furent encore plus étonnés quand ils virent diminuer le prix de chaque exemplaire jufqu'à trente écus, & ne pouvant en démêler la caufe, ils prétendirent qu'il y avoit de la magie ; ils apprirent enfin que la Bible n'étoit point écrite, mais imprimée fans aucun fortilege & à peu de frais. Alors ils fe pourvurent en Juftice, mais la Cour mit au néant toutes leurs demandes, & ils furent condamnés à payer le prix de leur acquifition.

Vous venez de voir, Meffieurs, le commencement, les progrès & le parfait établiffement de l'Art de l'Imprimerie : voyons à préfent les réglemens que cette invention nouvelle a néceffité.

Avant l'invention de l'Imprimerie, on ne pouvoit fe procurer des copies des Ouvrages que par la voie des Ecrivains appellés Stationnaires. Il exifte encore un Réglement de l'année 1323 à ce fujet. L'Univerfité, dont les Libraires-Jurés faifoient partie, ordonna qu'un Stationnaire ne pourroit refufer l'Exemplaire d'un Ouvrage, même à celui qui voudroit en faire un autre Exemplaire. « *Item nullus Stationarius denegabit Exemplaria, etiam volenti per illud aliud Exemplar facere* ».

Ce Statut prouve, que même dès le quatorzieme fiecle, la liberté de répandre des copies d'un Ouvrage quelconque étoit indéfinie. Les Libraires-Jurés, propriétaires des Manufcrits, les vendoient plus ou moins, fuivant l'importance de l'Ouvrage, & lorfqu'ils fe défaififfoient de l'Ouvrage, ils en tiroient un prix bien plus confidérable ; ils garantiffoient même qu'il n'en avoit point été tiré de copies. Il paroît, par un Contrat paffé en 1332 par-devant Notaires, que Geoffroy de Saint-Léger, l'un des Clercs-Libraires de l'Univerfité, confeffe avoir vendu & tranfporté, fous l'hypothéque de tous fes biens, & garantie de fon corps même, un Livre intitulé : *Speculum Hiftoriale in confuetudines Parifienfes*, divifé & relié en quatre tomes, couvert de cuir rouge, à noble homme, Meffire Gerard de Montagu, Avocat du Roi au Parlement, moyennant la fomme de 40 liv. *parifis* dont ledit Libraire fe tient pour content & bien payé. C'eft ainfi que fe faifoit le commerce. Les Libraires faifoient tranfcrire les manufcrits, ils en apportoient la copie aux Députés des Facultés des fciences dont l'Ouvrage traitoit, pour les revoir & approuver, avant de les expofer en vente, & de les afficher.

La preffe jouit du même avantage d'une liberté fans entraves. Chaque

Imprimeur mit au jour les Livres dont il crut tirer plus de bénéfice : on commença par imprimer les Livres Saints ; bientôt après on imprima les Peres de l'Église ; enfin on s'attacha sur-tout aux plus fameux Auteurs de l'antiquité. La Religion & les Sciences en retirerent un égal profit. On réunit à l'Univerfité les nouveaux Imprimeurs. Charles VIII, en 1488, confirma leurs priviléges. Le Peuple avoit regardé les Exemplaires imprimés de la Bible comme tenant du fortilége ; Louis XII au contraire envifagea l'Imprimerie comme une invention divine. Dans la Déclaration donnée à Blois, le 3 Avril 1513, il s'explique ainfi : « Voulant, notredite fille,
» l'Univerfité de Paris, & fuppots d'icelle, mefmement lefdits Libraires,
» Relieurs, Enlumineurs & Écrivains, qui font les vrais Suppots & Offi-
» ciers élus par tout le corps de l'Univerfité, être maintenus en leurs
» libertés, priviléges, franchifes, exemptions & immunités..... pour
» la confidération du grand bien qui eft advenu en notre Royaume,
» au moyen de l'Art & Science de l'impreffion, l'invention de laquelle
» femble être plus divine que humaine, laquelle, grace à Dieu, a été
» inventée & trouvée de notre temps, par le moyen & induftrie defdits
» Libraires, par laquelle notre fainte Foi Catholique a été grandement
» augmentée & corroborée, Juftice mieux entendue & adminiftrée, &
» le divin Service plus honorablement & curieufement fait, dit & célé-
» bré ; au moyen de quoi, tant de bonnes & falutaires doctrines ont été
» manifeftées, communiquées & publiées à tous chacun, pour ces caufes
» & autres, &c. ».

Il eft difficile de faire un éloge plus détaillé de l'Imprimerie. Tous les Rois, fucceffeurs de Louis XII, ont penfé de même, & ont maintenu les Libraires & Imprimeurs dans les priviléges & immunités qui leur avoient été accordées dans l'origine.

Philippe VI, ou Philippe de Valois, par fes Ordonnances du 31 Décembre 1340 & 22 Mai 1345 ; Charles V, par fon Ordonnance du 18 Mars 1366 ; Charles VI, par la fienne de 1383, avoient confirmé les priviléges de l'Univerfité & des Libraires-Jurés qui en avoient fait partie ; depuis l'invention de l'Imprimerie, fous Charles VII, la même faveur produifit le même effet. Charles VIII, en 1494, & Louis XII, en 1513, avoient renouvellé leurs immunités & prérogatives. Les Rois de France, depuis cette époque, ont toujours accordé la même faveur à un Art auffi noble que néceffaire.

En voilà affez fur la protection que méritoit une profeffion auffi utile. Ces graces, ces exemptions, avoient pour but d'encourager, d'étendre, de perfectionner l'Art de la Typographie. Voyons ce qui a été fait pour la police particuliere à laquelle ce Corps devoit être affujetti. C'eft dans ce Code particulier à la Librairie que nous devons chercher l'origine des priviléges ou permiffions que les Libraires & Imprimeurs actuels font obligés d'obtenir de l'autorité Royale.

Nous partagerons le détail des réglemens où nous allons entrer, en trois époques.

La premiere comprendra tout ce qui s'eft paffé depuis l'origine de l'Imprimerie jufques vers la fin du regne de Henri II.

La feconde embraffera les réglemens intervenus jufqu'aux Statuts de 1618, fous Louis XIII.

Et la troisieme comprendra l'exécution de cette Loi nouvelle, & la maniere dont elle a été modifiée, jusqu'au moment actuel.

PREMIERE ÉPOQUE.

Les premiers essais de l'Imprimerie se firent d'abord sur les Livres Saints, sur les Peres de l'Eglise; enfin sur les Auteurs les plus estimés de la Grece & de Rome. Les presses étoient uniquement occupées de ces manuscrits précieux, qui se trouvoient entre les mains de différentes personnes. Nous pourrions rapporter le Catalogue des Ouvrages anciens sur lesquels l'Imprimerie s'est d'abord exercée. Il étoit naturel que le même Ouvrage s'imprimât en même-temps en différens lieux. Mais l'avidité de se procurer les nouveaux Livres imprimés, empêcha alors la concurrence de causer aucun préjudice, & jusqu'à la fin du quinzieme siecle, le nombre des presses n'étoit pas assez considérable pour que cette concurrence devînt préjudiciable au nouveau commerce. Cependant les Imprimeries se multiplioient. Les Imprimeurs se rencontrerent dans le choix des Ouvrages. La contrefaçon prit naissance, pour ainsi dire, avec l'Art lui-même. La concurrence des Editions, en multipliant les Exemplaires, en fit tomber le débit. Les plus fameux Imprimeurs se virent sur le point d'être accablés; plusieurs furent ruinés; & l'on n'osoit plus, au commencement du seizieme siecle, former une entreprise qui demandât des avances considérables.

Ce premier inconvénient exigeoit un prompt remede, & pour prévenir l'anéantissement de la Librairie, on fut obligé d'avoir recours à l'autorité Royale; on demanda au Souverain le privilege d'imprimer tel ou tel ouvrage, & la défense à tous autres de l'imprimer.

Ce fut le savant Erasme, qui paroît avoir le premier imaginé ce recours au Prince. Il en donna l'idée en faveur de Jean Froben dans une lettre datée de Bâle le 28 Janvier 1522, adressée à Bilibardus Pirckheymer.

«A peine, dit-il, sort il un ouvrage nouveau de l'Imprimerie de » Froben, si le débit en paroît certain, celui-ci & celui-là s'empare » d'un exemplaire, on contrefait l'édition & on le donne à plus bas prix. » Cependant Froben avance ses fonds & il se ruine. On préviendroit » ce malheur si l'Empereur vouloit défendre de réimprimer ce qui a » déja été imprimé par Froben, & le défendre pendant deux années. Ce » terme est court, mais l'Imprimerie de Froben est digne de cette fa- » veur: il n'en sort rien de mauvais ou de séditieux ».

Vous voyez par cet extrait de la lettre d'Erasme que dans ces premiers temps on ne demandoit au Souverain que la défense de réimprimer ce qu'un autre avoit déja imprimé; car, comme nous l'avons dit, l'impression étoit entiérement libre.

Cette idée du savant Erasme fut adoptée, aussi voit-on que lorsqu'il s'agissoit d'un ouvrage dont l'impression exigeoit de grosses avances on s'adressoit à tous les Souverains. Il existe encore des livres anciens où l'on trouve des priviléges du Pape, de l'Empereur, du Roi de France, du Roi d'Espagne, & des autres Princes de l'Europe.

Ces priviléges étoient limités, & devoient l'être, parce qu'ils donnoient à un seul le droit d'imprimer un manuscrit qui étoit entre les mains de tout le monde. Cette dérogation au droit commun devoit avoir un terme, & ce terme expiré, tout Imprimeur pouvoit mettre au jour l'ouvrage comme avant le privilége.

En France les Libraires prirent le parti de s'adresser au Roi ou à la Cour, & nous en trouvons un très-grand nombre d'exemples.

Pierre Viard, Libraire, demanda par Requête, *qu'il lui fût permis d'imprimer la nouvelle addition & ampliation de l'histoire de Gaguin, & défenses à tous autres pendant le temps qu'il plairoit à la Cour, afin qu'il pût recouvrer ses frais & mises.*

Arrêt du 22 Mai 1521 qui lui permet d'imprimer ou faire imprimer ladite histoire de Gaguin avec ladite nouvelle addition, & fait défenses à tous autres Libraires d'imprimer ledit livre jusqu'à deux ans après, en suivant la perfection de ladite impression, sur peine de confiscation & d'amende.

François Ier accorda la même permission, & fit les mêmes défenses pour le *Rosier historial de France.* Ce privilége devoit durer quatre années, il est du 23 Mars 1522.

En 1523 pareil Arrêt de la Cour du 3 Février, au sujet de l'impression de *la Chronique* & histoire de Louis XI *par Philippe de Commine.* Le Privilége fut accordé à Gaillot Dupré *pour deux années seulement.*

Même Privilége *de deux années* en 1539 à Vascosan pour l'édition de *Paul Emile, sur les faits & gestes des François avec la chronique.*

Lettres-patentes du Roi du 22 Avril 1551 en faveur de Charlotte Guillard, *avec le terme de six années* pour *le nouveau Testament.*

Nous ne finirions pas si nous entreprenions de vous-rapporter tous les exemples de pareils priviléges. Il suffit de vous dire que ces privileges portoient un terme limité, qu'ils contenoient la défense à d'autres d'imprimer pendant la durée du privilége, & qu'ils ne concernoient que d'anciens manuscrits qui appartenoient en quelque sorte à tous ceux qui les possédoient ou qui les avoient acquis.

Cependant l'Art de l'Imprimerie prenoit tous les jours de nouveaux accroissemens, & alors elle étoit beaucoup plus florissante dans la ville de Lyon, que dans tout le reste du Royaume. La situation favorable de cette Ville, y avoit attiré une foule de Négocians forcés de s'expatrier; Ils y avoient établi leur domicile, l'esprit de négoce y dominoit, & cet esprit influa sur le commerce de la Librairie. Il faut même avouer que les plus fameux Imprimeurs de Lyon sont venus depuis s'établir à Paris, & que la Capitale leur doit peut-être une partie de la gloire qu'elle s'est acquise dans la Librairie.

Quoi qu'il en soit, la premiere Ordonnance que l'on connoisse sur le fond même de l'Imprimerie depuis son invention, le premier réglement pour la police de cet Art, ce sont les Lettres-patentes de François Ier de l'année 1541. Elles sont rapportées tout au long dans le recueil des Ordonnances Royaux avec les annotations de Rebuffe.

Il s'étoit élevé des contestations entre les Imprimeurs & les Ouvriers de leurs Imprimeries, « à la poursuite desquelles, dit l'Ordonnance, les-» dits Maîtres ont fait telles dépenses, & lesdits Compagnons d'autre » côté se sont si bien débauchés, que ledit Art d'Imprimerie, à cause de » ce, est entiérement cessé & discontinué en ladite Ville, & quasi dilaté

Lettres - Patentes de François Ier, 1541, 28 Décemb.

» & tranfporté d'icelle en autres pays , defquels il avoit été autrefois tiré ,
» dont s'enfuit un trop grand intérêt , préjudice & dommage à ladite
» Ville , & conféquemment à la chofe publique de notre Royaume.

Ces confidérations déterminerent François I.er à donner à l'Imprimerie de Lyon le même Réglement qu'il avoit donné à l'Imprimerie de Paris.

Nous n'avons aucune connoiffance du Réglement fait pour Paris ,
mais , comme il eft dit dans ce Réglement qu'il eft copié mot à mot fur
celui de la Ville de Paris, vous rendre compte de l'un , c'eft vous donner connoiffance de l'autre , mais nous n'entrerons dans aucun détail à
cet égard , parce que ces Lettres-patentes ne concernent que la police
intérieure des Maîtres envers les Compagnons, & des Compagnons envers les Maîtres. Nous ajouterons feulement que les difpofitions de ce
Réglement , ont été renouvellées par l'Edit de Charles IX du mois de
Mai 1571 , dont nous parlerons dans la fuite.

Les Lettres-patentes de François I.er étoient à peine enregiftrées ,
qu'il s'éleva des difficultés fur les livres qu'on faifoit entrer à Paris fans
avoir été vus & examinés par la Faculté de Paris. La Cour , par Arrêt
du premier Juillet 1542 , *fit défenfes fous peine de confifcations , & au-*
tres peines arbitraires à tous Libraires & autres Marchands quelconques
d'expofer en vente aucuns livres , en la Ville de Paris ou autres du reffort
s'ils n'ont été vus & vifités en la maniere contenue audit Arrêt , tant pour
les Villes ayant Univerfité, que autres. Cet Arrêt de réglement fut dans
la fuite adopté par les Ordonnances, & nous obferverons d'avance que
les Réglemens particuliers de la Cour ont toujours précédé les loix générales , & en ont été en quelque forte le modele.

Bientôt après ce Réglement , parut la premiere loi concernant la
publicité de l'impreffion. La licence que les Sectaires fe permettoient
dans le débit de leurs erreurs & de leurs libelles, donna lieu à l'Edit
de Henri II du 11 Décembre 1547. Il a été enregiftré en la Cour le
19 Décembre de la même année.

L'objet de cet Edit étoit de réprimer l'ufage & le débit des Livres
réprouvés. L'Edit s'explique ainfi :

« Défendons qu'aucuns Libraires ni Imprimeurs n'ayent , fous con-
» fifcation de corps & de biens, à imprimer ou faire imprimer , ne
» vendre ou publier , ne faire vendre ou publier aucuns Livres concer-
» nant la fainte Ecriture, & mêmement ceux qui font apportés de
» Genêve, Allemagne & autres lieux étrangers , que premiérement
» n'ayent été vus, vifités & examinés de la Faculté de Théologie de
» Paris, & n'ayent, les Imprimeurs & Libraires, à vendre, expofer en
» vente aucuns Livres de la Sainte Ecriture commentés ou fcholiés ,
» que le nom de celui qui l'a fait ne foit exprimé & appofé au com-
» mencement du Livre, & auffi celui de l'Imprimeur avec l'enfeigne
» de fon domicile, ni auffi à imprimer en lieux occultes & cachés ,
» ains en leurs Officines & lieux publics, afin qu'ils puiffent répondre
» à chacun de leur fait.

Cet Edit de Henri II eft le premier qui contienne un Réglement
relatif à l'ordre public. Il renferme quatre difpofitions particulieres : la
premiere, eft une défenfe d'imprimer aucuns Livres contre la Religion ,
fous peine de confifcation de corps & de biens.

Par

Par la seconde, il ordonne que les Livres concernant la Religion feront examinés par la Faculté de Théologie.

Par la troisieme, il est prescrit de mettre à chaque Ouvrage imprimé le nom de l'Auteur & de l'Imprimeur, & le lieu de l'impression.

Enfin, par la derniere, il est défendu d'imprimer en lieux occultes & cachés.

L'Edit de Châteaubriant, donné de même par Henri II en 1551, renouvelle toutes les dispositions de l'Edit de 1547; mais il ajoute de plus une prohibition par laquelle, dans l'article 9, il semble prévoir les contrefaçons. *Il défend à tous Imprimeurs d'imprimer, sinon en leurs Officines & Ouvroirs, sans supposer le nom d'autrui, sur peine de confiscation de corps & de biens, & d'être déclarés faussaires.*

Voilà, Messieurs, tout ce que nous trouvons dans les Loix du Royaume de relatif à l'Imprimerie jusqu'à cette premiere époque. Dans l'origine on pouvoit imprimer librement toutes fortes d'Ouvrages, même fans permission. On reconnut bientôt le danger de cette liberté indéfinie. Les Livres de Religion furent affujettis à un examen de la Faculté de Théologie, l'impression en fut défendue, soit qu'ils euffent été composés dans le Royaume, foit qu'ils vinffent du dehors; on affreignit les Libraires & Imprimeurs à mettre leur nom & celui de l'Auteur en tête des Livres. On obligea les Imprimeurs à ne travailler que dans des lieux connus, & il leur fut défendu de supposer le nom d'un autre, à peine d'être déclarés faussaires & de confiscation de corps & de biens. Tel est encore une fois le résultat des Loix intervenues fur la matiere. Nous ne voyons encore rien de particulier fur les priviléges. On obtenoit, à la vérité, quelquefois des priviléges, foit du Roi, foit des Cours, foit même quelquefois des Juges des lieux; mais ce n'étoit encore qu'une précaution que l'Imprimeur croyoit devoir prendre pour affurer la vente de fon édition; il n'y avoit encore aucune Loi qui affreignît, foit les Auteurs, foit les Imprimeurs, à obtenir un privilége. Voyons ce qui est arrivé depuis. Dans cette feconde époque, la police publique va prendre une forme nouvelle.

SECONDE ÉPOQUE.

Le premier Réglement qui fe préfente à nos regards, fous cette feconde époque, est un Arrêt de la Cour du 18 Août 1561; jufques là les Loix & les Arrêts n'avoient impofé la néceffité de l'examen & du privilége au-delà de la permiffion, qu'aux feuls Ouvrages qui concernoient la Religion; on commença, en ce moment, à voir que la facilité de l'impreffion & la multiplicité des exemplaires pouvoient intéreffer le Gouvernement & les mœurs, & la Cour fit un Réglement nouveau, qui défendit d'imprimer aucun Ouvrage fans permiffion du Roi ou du Parlement. Cet Arrêt, comme nous venons de le dire, est du 18 Août 1561.

Le Gouvernement ne tarda pas à adopter une difpofition auffi fage; & comme les libelles fe multiplioient à l'infini, on ajouta les peines les plus féveres pour réprimer cet abus. Cette Loi, Meffieurs, est la Déclaration donnée à Mantes le 10 Septembre 1563, & enregiftrée en la Cour le 29 Novembre 1563.

F

Cette Déclaration a deux objets, l'un d'empêcher l'impreſſion d'aucuns Livres & libelles diffamatoires ; l'autre contient, défenſes d'imprimer, ſans une viſite préalable, & ſans avoir obtenu un privilége.

Elle eſt ainſi conçue :

« Défendons à toutes perſonnes de quelqu'état, qualité & condition
» qu'ils ſoient, qu'ils n'ayent, ſous peine de confiſcation de corps & de
» biens, à mettre en lumiere, imprimer ou faire imprimer aucuns
» Livres, Lettres, Harangues, ne autres Ecrits, ſoit en rithme ou proſe,
» faire ne ſemer libelles diffamatoires, placards, ne mettre en évidence
» aucune autre compoſition de quelque choſe qu'elle traite, ſans que
» premiérement elle ait été vue par nous & notre Conſeil privé, &
» pour ce faire, obtenir permiſſion de nous, ſous le grand ſcel de notre
» Chancellerie, & à tous Libraires d'en imprimer aucuns, ſans notre
» permiſſion ainſi ſcellée, ſous peine d'être pendus & étranglés ; Voulons
» que de ſemblables peines ſoient punis ceux qui auront été trouvés atta-
» chans, ou avoir affiché ou ſemé leſdits placards ou libelles diffama-
» toires ; enjoignons à tous Magiſtrats publics, Commiſſaires de quar-
» tiers, & autres nos Officiers, y avoir l'œil, & à nos Procureurs &
» Avocats des lieux d'y faire leur devoir, ſur peine, en cas de négli-
» gence, d'être punis des mêmes peines, & de nous en prendre à leurs
» propres perſonnes ».

Voilà, Meſſieurs, la premiere Loi intervenue ſur la matiere des permiſſions, & quoique la peine de mort ſoit exprimée immédiatement après l'obligation de prendre des Lettres du grand ſceau, & que dans le texte de la Loi cette peine paroiſſe s'appliquer indiſtinctement aux deux prohibitions exprimées, il eſt naturel de penſer que la peine de mort n'eſt prononcée que contre ceux qui ont imprimé, affiché, diſtribué des placards ou des libelles. Il eſt difficile de croire que le Légiſlateur ait voulu faire pendre pour avoir imprimé un Livre quelconque ſans permiſſion, la Loi eût été trop rigoureuſe, & par conſéquent fut demeurée ſans effet. Cependant elle étoit écrite, & on ne tarda pas à la mettre en quelque ſorte à exécution.

Par Arrêt du 18 Février 1565, la Cour défendit d'imprimer & colporter aucuns Imprimés, s'il n'y a permiſſion & nom d'Auteur, ſous peine de la hart & de plus grandes peines. Mais on reconnut bientôt que la peine de mort ne pouvoit s'appliquer qu'aux libelles & aux placards. Nous trouvons en effet un ſecond Arrêt de la Cour, du dernier jour de Juillet de la même année 1565, par lequel il fut défendu à tous Imprimeurs, Libraires, Colporteurs, ou autres perſonnes de quelqu'état qu'elles ſoient, d'imprimer ou faire imprimer aucuns Livres pleins de blaſphèmes, convices ou contumélies pétulans, & ne tendant qu'à troubler l'état & repos public, ſur peines de confiſcation de corps & de biens. On cite, dans les notes de Guénois, deux Arrêts de la Cour, l'un du premier Décembre 1584, l'autre du 22 Novembre 1586, par leſquels deux Particuliers furent condamnés à être pendus, pour avoir mis au jour des Livres contre le Roi. Mais ce qui bannit toute incertitude à cet égard, c'eſt que la Déclaration de 1563 a été interprétée par l'Ordonnance de Moulins, intervenue trois années après en 1566.

Cette Ordonnance, une des plus fameuses du Royaume, rendue sur la demande des États, s'explique avec moins de sévérité, Article 78.

« Défendons à toutes personnes que ce soit d'imprimer ou faire im-
» primer aucuns Livres ou Traités sans notre congé & permission, &
» Lettres de privilége sous notre grand scel, auquel cas enjoignons à
» l'Imprimeur d'y mettre & insérer son nom & le lieu de sa demeurance,
» ensemble le congé & privilége, & ce sur peine de perdition de bien
» & de punition corporelle ».

Ce n'est plus la peine de mort prononcée par la Déclaration de 1563; c'est une simple punition corporelle, laissée même à l'arbitrage des Juges, puisqu'elle n'est pas littéralement exprimée.

La même prohibition fut renouvellée par la Déclaration donnée à Paris le 16 Avril 1571.

« Défendons l'impression de tous nouveaux Livres en notre Royaume,
» sans notre permission par Lettres de notre grand scel, auxquelles sera
» attachée la certification de ceux qui auront vu & visité le Livre, &
» ne sera loisible d'imprimer aucun Livre, sans au commencement &
» premiere page nommer l'Auteur & l'Imprimeur.

Ces précautions ne furent pas encore suffisantes, on éludoit la visite de l'Université de Paris, sur-tout en matiere de Théologie, & la Religion prétendue réformée ne vouloit point se soumettre à cet examen. Henri III, en 1577, voulut encore faire cesser ces clameurs par l'article 14 de son Ordonnance de cette même année; il ordonna:

« Qu'aucuns Livres ne pourroient être vendus, sans premiérement
» être vus par ses Officiers sur les lieux, & pour le regard des Livres
» de Religion prétendue réformée par les Chambres ordonnées en cha-
» cun Parlement ».

Ce nouveau Réglement donna naissance à un nouvel abus. Les précautions que l'Administration prenoit pour connoître les Auteurs & les Imprimeurs des Ouvrages rendus publics, fit imaginer de les faire imprimer en pays étranger, pour ensuite les débiter en France. La sagesse du Gouvernement, sa prévoyance eussent été inutiles, si l'on ne se fût occupé du soin de s'opposer à ce genre de fraude, & la Cour, par
» Arrêt du 7 Décembre 1577, « fit inhibition à tous Imprimeurs du
» Royaume, sous peine de confiscation & de quatre mille écus d'amende,
» de faire imprimer aucuns Livres hors du Royaume, & il fut ordonné
» que le Procureur Général auroit commission pour faire informer à
» l'encontre de ceux qui auroient fait imprimer Livres hors du Royaume,
» pour l'information faite & rapportée décréter contre les coupables,
» ainsi que la Cour verroit à faire par raison ».

Ces nouvelles Loix, comme vous le voyez, Messieurs, imposent la nécessité d'obtenir une permission du Scéau pour imprimer, & l'Ordonnance de Moulins ajoute une formalité nouvelle; c'est celle d'imprimer le privilége à la fin du Livre mis en vente: & les Arrêts de la Cour ordonnent en outre, que les Livres seront vus & visités, & qu'on ne pourra les faire imprimer en pays étranger.

Vous n'avez encore rien vu jusqu'ici qui puisse avoir rapport à la durée des priviléges: il n'a été question encore que de la permission d'imprimer;

F ij

Ordonnance
Moulins, 1566.

Déclaration
Avril 1571.

Déclaration
1577.

Arrêt du 7 D
bre 1577.

& il étoit jufte qu'il ne pût fe répandre dans le Royaume aucun Ecrit fans la permiffion du Souverain. Ces permiffions fe donnoient pour un temps limité, par deux raifons : la premiere, parce qu'il ne s'agiffoit, en quelque forte, que des Ouvrages anciens, dont tout le Public étoit propriétaire ; en fecond lieu, parce qu'un Livre pouvoit devenir dangereux, & qu'il étoit du bon ordre d'en arrêter la diftribution.

A cela près, nous ne trouvons rien qui attaque ou qui favorife la propriété des Auteurs. Le Légiflateur défend uniquement d'imprimer fans permiffion du grand Sceau ; vous avez vu au contraire un article abfolument contraire aux contrefaçons : c'eft l'article 9 de l'Ordonnance de Châteaubriand de 1551, qui défend à tous Imprimeurs de fuppofer le nom d'autrui, à peine de confifcation de corps & de bien, & d'être déclarés fauffaires.

Suivons toujours l'ordre chronologique des Réglemens que la Cour nous a demandés.

C'eft à-peu-près à cette époque que s'éleva la queftion de la nature des priviléges, de l'objet fur lequel ils pouvoient s'appliquer, & de la prolongation qu'on vouloit établir en ce moment.

Ces queftions furent agitées & décidées par différens Arrêts de la Cour.

du 28 Avril Le premier, du 28 Avril 1578, « défend d'obtenir aucune prolongation de privilége, s'il n'y a augmentation aux Livres dont il s'agit ». L'efpece de cet Arrêt n'eft point rapportée ; nous ne connoiffons que le Réglement : on prétend qu'il eft rapporté dans la Conférence de Guénois : nous l'avons cherché ; il ne s'y trouve fûrement pas. *

Le fecond nous eft plus connu, & même Guénois en fait mention, ou plutôt, il eft dans les Notes fur Guénois.

On y rapporte l'efpece d'une difficulté qui s'éleva entre une Demoifelle Giunti & un fieur Philippe Thyngy, Libraires à Lyon. Ils étoient l'un & l'autre Florentins ; ils demeuroient dans la même rue, quoique féparés de demeure, il paroît qu'il y avoit une fociété entr'eux ; mais ils avoient pris la même marque. Querelle s'éleva entr'eux au fujet de cette marque ; de la Cour
cemb. 1579. & fur les priviléges qu'ils avoient obtenus des mêmes Livres, la Cour, par Arrêt du 7 Décembre 1579, ordonna, fur la marque, qu'elle demeureroit à Giunti, comme s'en étant fervi la premiere ; & quant aux priviléges des Livres, qu'on n'y auroit aucun égard, finon des Livres qui n'ont point encore été imprimés par ci-devant ; & pour le regard des autres jà imprimés, qu'ils feront imprimés par tous les Imprimeurs, qui pourront & voudront les imprimer, en toute liberté.

Ces Arrêts décident trois chofes : la premiere, que les priviléges ne peuvent avoir lieu que pour les Livres nouveaux, & qui n'ont point encore été imprimés.

La feconde, que tous les Livres déja imprimés, & fur-tout les Livres étrangers, pourroient être imprimés par tous les Imprimeurs ; ce qui ne regarde en rien le fait particulier des priviléges, parce qu'il eft conftant qu'il n'y avoit encore, pour ainfi dire, que les Ouvrages des anciens qui euffent été mis en lumiere ; & comme ces Ouvrages appartenoient autant

---

* Il fe trouve indiqué à la page 1105 de Guénois, tome 3, édition de 1678, mais fans aucun détail, comme dans les Statuts de Bouchel, qui font copiés en cet endroit.

à un Imprimeur qu'à un autre, il étoit juste de laisser subsister la concurrence entre tous.

Enfin, la troisieme, c'est qu'à cette époque, on commença à défendre de renouveller ou de prolonger les priviléges, à moins qu'il n'y eut augmentation à l'Ouvrage que le même Libraire vouloit faire imprimer.

Et ce qui prouve que tel a été le motif des décisions de la Cour, c'est l'Arrêt rendu le 15 Mars 1586, au sujet de l'impression de Séneque, augmenté des Notes de Marc-Antoine Muret. Ce Livre avoit été apporté de Rome : l'Ouvrage en lui-même étoit d'un Auteur ancien ; les Notes étoient d'un étranger. Nicolas Nivelle, Libraire à Paris, obtint un privilége exclusif pour imprimer ce Livre nouveau. Jacques Dupuis & Gilles Beys formerent opposition à l'enregistrement de ce privilége ; & la Cour ayant égard à l'opposition, ordonna que l'Exemplaire du Livre de Séneque, corrigé & illustré par défunt Me. Marc-Antoine Muret, apporté de Rome, pourroit être imprimé par lesdits Dupuis & Beys. Cet Arrêt porte avec lui le motif de sa décision ; & ce motif est, qu'il s'agissoit d'un Auteur ancien ; quoiqu'illustré par Muret, il n'en étoit pas moins un Livre étranger, & par conséquent placé dans la classe de ceux qu'il étoit libre à tout Imprimeur d'imprimer à son gré.

Depuis ces derniers Réglemens, aucun Libraire ou Imprimeur n'osa imprimer sans un privilége, & même il ne fut plus permis de réimprimer sans un nouveau privilége. Guillaume Chaudiere, en 1595, obtint un nouveau privilége de dix années pour imprimer, vendre & distribuer la Conférence des Coutumes tant générales que locales, & particuliérement du Royaume de France, par Pierre Guénois, & le motif de sa demande étoit l'immensité des frais, & que ladite Conférence étoit augmentée du quart ou environ : ce nouveau privilége lui fut accordé pour dix ans, & les Lettres-patentes furent enregistrées à la Cour & au Châtelet. Jean Houré obtint de même un privilége en 1598 pour faire imprimer le grand Coutumier de France, avec les Notes de Charondas.

Même privilége à N. Buon en 1607 pour les Œuvres de d'Argentré, toujours pendant dix ans.

Le 16 Juillet 1608, privilége à une société de Libraires, à la tête desquels étoit Cramoisi, pour imprimer seul pendant le terme de dix années, les Edits & Ordonnances de Fontanon.

Nous ne finirions pas cette énumération de priviléges, & nous avons cité les principaux, parce que ce sont des Livres généralement connus, & dont les Editions entraînoient les plus grandes dépenses.

Ce fut à-peu-près en ce temps-là qu'on vit s'élever la question sur la nature du droit de réimpression. On demanda si le droit de réimprimer la premiere Edition d'un Livre étoit libre à tous les Imprimeurs, lorsqu'on faisoit une seconde Edition du même Ouvrage, revue & corrigée. La question s'éleva au Parlement de Rouen, entre un sieur Pradel & la Communauté des Libraires de la même Ville.

Pradel avoit obtenu le privilége pour un Ouvrage dont le titre n'est pas rapporté : il voulut faire une derniere Edition, & obtint un nouveau privilége sans doute, car l'Arrêt cité ne le dit pas. Les Libraires de Rouen prétendirent avoir le droit de réimprimer la premiere Edition : contestation à ce sujet ; & par Arrêt du 9 Juillet 1610, il fut permis audit Pradel d'user

En la Cour le [...] Août 1595., au [...] telet le 26 Juin 1[...]

7 Février 1598.

1607.

1608.

Arrêt du Parlem[ent] de Rouen, 9 Ju[illet] 1610.

de son privilége, pour le regard de la derniere Edition revue & corrigée, sans préjudice de la premiere Edition, de laquelle le privilége est expiré, laquelle lesdits Imprimeurs & Libraires de ladite Ville pourront imprimer, vendre & distribuer.

Pareille contestation s'éleva encore au Parlement de Rouen, entre la même Communauté & Nicolas Renouard, sans qu'on cite encore l'intitulé du Livre ; & par Arrêt du 19 Septembre 1615, il fut permis auxdits Libraires & Imprimeurs de débiter le Livre dont est question, suivant la premiere copie & exemplaire dont le privilége étoit expiré.

Enfin, Messieurs, par Arrêt de la Cour du 19 Août 1617, il fut dit, que la Veuve Langelier, qui avoit obtenu une prolongation de privilége pour Séneque, auroit six mois de délai, après lequel, permis à chacun d'imprimer & vendre concurremment le Livre privilégié.

Ces Réglemens particuliers sembloient nécessiter une Loi nouvelle ; mais une Loi générale, qui devint la Loi commune de toute la Librairie dans le Royaume.

L'Antiquité étoit, pour ainsi dire, un champ public dont tout Imprimeur avoit droit de recueillir les fruits : c'étoit un patrimoine commun, & tous les manuscrits existans étoient en quelque sorte un droit de conquête ; ils appartenoient *primo occupanti*, & personne ne paroissoit y avoir un droit personnel ; mais il paroissoit de temps à autres des Ouvrages nouveaux. Les Auteurs, ou le Libraire qui les imprimoit du consentement des Auteurs, car on ne s'étoit point encore avisé de faire des Traités particuliers à raison de cette espece de propriété ; les Auteurs, disons-nous, ou leurs représentans, avoient un titre légitime que nul autre ne pouvoit réclamer : les uns & les autres se contenterent, comme vous l'avez vu, de demander des Lettres de privilége pour ces nouveaux Livres, & ces priviléges exclusifs furent accordés dans la même forme, dans le même style, pour les Ouvrages modernes, comme pour les anciens, il n'y eut aucune différence à cet égard, ils eurent également un terme limité. On obtenoit des continuations de priviléges à l'expiration du premier. La propriété de l'Auteur fut entiérement anéantie, ou plutôt, on la fit résider toute entiere dans le privilége. C'est ce qui résulte singuliérement des Arrêts du Parlement de Rouen ; & même nous ne pouvons pas dire si les Livres qui furent alors déclarés communs étoient des Ouvrages anciens ou nouveaux ; & cependant cette différence seule pourroit servir à éclaircir le motif de la décision. *

Le plus grand nombre des Arrêts sur lesquels on s'appuie, avoient pour objet des Livres anciens, ou des compilations. C'étoit en 1579 la somme de S. Thomas ; en 158;, le Cours de Droit Canon ; en 1586, les Œuvres de Séneque, avec les Notes de Muret ; en 1595, la Conférence des Coutumes ; en 1598, le Coutumier Général ; en 1608, les Edits & Ordonnances de Fontanon ; en 1609, l'Office de la Vierge en Grec & en Latin ; en 1611, des Missels, des Heures, des Diurnaux, &c. ; en 1617 il étoit encore question des Œuvres de Séneque, mais sans Notes. Nous ne trouvons dans cet intervalle que les Ouvrages de trois Auteurs particuliers ; en 1607, les Œuvres de d'Argentré ; en 1610, les Mémoires d'un Sieur

Villars ; & en 1617 , un Jugement au Souverain des Requêtes de l'Hôtel , pour la réimpression de la premiere & de la seconde partie de l'Astrée du Seigneur d'Urfé.

Les Libraires de Paris avoient alors la plus grande influence sur le commerce de la Librairie : plus à portée de communiquer avec les Auteurs, ils étoient en possession d'imprimer presque seuls les Ouvrages nouveaux ; ils obtenoient plus facilement des Lettres de continuation à l'expiration des premieres. Les Libraires de Province prétendirent que ces continuations étoient contraires à l'industrie & à la liberté ; les Libraires de Paris eux-mêmes, ceux qui n'avoient pas la confiance des Auteurs se joignirent aux Libraires de Province, & ces clameurs enfanterent les Lettres-Patentes en forme de Réglement de 1618 ; il faut entrer à cet égard dans un certain détail.

Le Mercredi 24 Mai 1617 les Syndics & Gardes de la Librairie présenterent une Requête à Henri de Mesme, alors Lieutenant-Civil de la Prévôté & Vicomté de Paris, dans laquelle ils exposerent qu'il se commettoit un grand désordre & confusion en cette Ville & Fauxbourgs, au fait desdits Libraires, Imprimeurs & Relieurs, à cause de la grande quantité d'iceux., & principalement quand il se fait quelques assemblées pour résoudre des affaires de ladite Communauté ; & ils lui demanderent qu'il leur fut permis de choisir & appeller , par lesdits Syndics & Gardes, dix-huit des plus anciens dudit Corps ; à savoir, six Libraires jurés, six Libraires non-jurés, six Imprimeurs, avec iceux Syndics & quatre Gardes, pour être par eux avisé ce qu'il conviendra faire, tant à la conservation de leur état de Libraires, qu'à l'impression des Livres & Libelles diffamatoires, que ès procès qui peuvent survenir, & autres choses généralement quelconques , & que ce qui sera par eux fait, accordé & arrêté soit exécuté, comme si la Communauté entiere y eut été appellée.

Le Lieutenant - Civil ordonna que la Requête fut communiquée à notre Substitut ; & sur ses conclusions, il intervint une Ordonnance conforme à la demande.

L'assemblée eut lieu, les trois quarts & plus de la Communauté des Libraires, Imprimeurs & Relieurs y furent présens ; on choisit dix - huit personnes, & on leur donna pouvoir de procéder à un Réglement qu'il est besoin de faire pour la conservation de leur état, & obvier aux abus & malversations qui se commettent en ladite vacation, & que ce qui seroit fait par lesdites personnes élues, seroit & demeureroit stable comme si tout le corps avoit été mandé. Les dix-huit députés en conséquence ayant prêté serment devant le sieur Lieutenant-Civil , s'assemblerent à différentes fois, & après avoir murement délibéré, ils rédigerent un projet de Statuts capables de remédier aux différens abus qui s'étoient introduits dans la Librairie. Ce projet fut adressé au Roi par forme de remontrance , & le Corps de la Librairie supplia de vouloir bien le revêtir du sceau de son autorité en lui accordant des Lettres-Patentes. Par de premieres Lettres adressées au Prévôt de Paris , le Roi renvoya lesdites Remontrances & articles au Lieutenant-Civil du Châtelet, pour conjointement avec notre Substitut donner & envoyer leur avis sur la commodité & incommodité de la chose publique, d'accorder le contenu en ladite Requête ; ces Lettres-Patentes sont du premier Juin 1618.

Lettres-Patentes
1 Juin 1718.

Le 13 du même mois le Lieutenant-Civil & notre Subſtitut s'expliquèrent ſur la demande du Corps de la Librairie & ſous le bon plaiſir du Roi, ils furent d'avis iceux articles être accordés en la forme qu'ils ſont, comme juſtes & raiſonnables, & à cette fin que toutes Lettres ſur ce néceſſaires leur fuſſent expédiées.

La Communauté ſe retira pardevers le Roi, il leur fut accordé des Lettres de confirmation deſdits Statuts, & les Lettres ont été enregiſtrées ſur nos concluſions le 9 Juillet 1618, & le 13 du même mois elles ont été pareillement regiſtrées au Châtelet, pour par les Impétrans jouir du contenu d'icelles.

Ce Réglement, ou plutôt ces Statuts, contiennent 38 articles, nous nous arrêterons à ceux qui ont rapport au compte que la Cour nous demande. Il n'y en a que deux, ce ſont les articles 32 & 33.

L'article 32 contient « des défenſes à tous Libraires, Imprimeurs
» & Relieurs de faire imprimer Livres, en quelque forme que ce ſoit,
» hors le Royaume, à peine de confiſcation de tous les exemplaires,
» & de 3000 liv. d'amende pour la première fois ; & pareille défenſe
» de ſuppoſer le nom, la marque ou le lieu auxquels leſdits Livres
» ſeront imprimés, aux mêmes peines que deſſus, aux termes de l'Edit
» de 1572.
» L'article 33 défend à tous Libraires, Imprimeurs & Relieurs de
» contrefaire les Livres deſquels il y aura privilége obtenu, même d'a
» cheter aucuns Livres ainſi contrefaits des Marchands Forains, ni d'en
» faire venir en aucune forme & maniere que ce ſoit, ſur les peines
» portées par les priviléges qui en auroient été obtenus ; comme auſſi
» défenſes à tous Libraires, Imprimeurs & Relieurs de la ville de
» Paris d'obtenir aucune prolongation de privilége pour l'impreſſion
» des Livres, s'il n'y a augmentation aux Livres deſquels les priviléges
» ſont expirés ».

Une première obſervation que nous ſommes obligés de faire ſur ces Statuts, c'eſt, Meſſieurs, qu'ils ne peuvent faire loi qu'entre les Libraires & Imprimeurs de Paris, ils ſe la ſont eux-mêmes impoſée, ils ont eu recours à l'autorité ſouveraine pour ſe lier les uns envers les autres, & de même qu'ils ne pourroient l'oppoſer à tous les autres Libraires & Imprimeurs du Royaume, de même les Libraires & Imprimeurs de Province ne peuvent en tirer avantage contr'eux, c'eſt un Réglement particulier pour le Corps de la Librairie de la ville de Paris ; en un mot, ce n'eſt point une loi générale du Royaume.

Ceci poſé, voyons ce qui réſulte des Statuts ; il en réſulte cinq choſes différentes & principales.

En premier lieu, une défenſe de faire imprimer hors du Royaume.

En ſecond lieu, une défenſe de ſuppoſer & déguiſer le nom, la marque & le lieu de l'impreſſion.

3°. Une défenſe de contrefaire les Livres dont un autre aura le privilége.

4°. Une défenſe d'acheter ou faire venir des Livres contrefaits.

Enfin une défenſe d'obtenir aucune prolongation de privilége pour l'impreſſion des Livres s'il n'y a augmentation.

Nous avons dit que ces Statuts en eux mêmes ne ſont que la loi
particuliere

particuliere de la Communauté des Libraires de Paris, c'eſt-à-dire, qu'en les conſidérant comme Statuts, ils ne ſont que le Réglement d'un Corps particulier; mais de ces cinq défenſes, les quatre premieres étoient déja faites par les Ordonnances générales du Royaume, & par conféquent elles ſont communes à tous les Libraires de France. Les Statuts en cette partie ne font qu'appliquer au Corps de la Librairie de Paris, ce qui eſt déja réglé pour tous ceux qui exercent la même profeſſion dans toutes les Terres & Seigneuries de l'obéiſſance du Roi.

A l'égard de la cinquieme qui concerne la prolongation des privi-léges, cette défenſe, qui n'avoit encore été prononcée que par un Arrêt de la Cour, ne pouvoit faire loi que dans l'étendue de ſon Reſſort, & & c'eſt d'après ce Réglement particulier qu'il a été inſéré dans les nouveaux Statuts.

Voilà donc une premiere baſe ſur laquelle nous pouvons nous ap-puyer, c'eſt la loi que le Corps s'eſt faite à lui-même, loi adop-tée par le Souverain, & conſacrée par l'enregiſtrement qui en a été fait.

On a prétendu dans un Mémoire & une Conſultation imprimée en 1776, & dont la diſtribution a été renouvellée en ce moment, que ces Statuts de 1618 ont été augmentés en 1620, parce que les Anciens n'avoient pas prévu tous les inconvéniens, & à cet égard, le Juriſcon-ſulte de la ville de Lyon qui a rédigé le Mémoire & la Conſultation dont il s'agit pour les Libraires de Lyon, Rouen, Touloufe, Mar-ſeille & Nîmes, préſente le prétendu Réglement de 1620 comme une Loi nouvelle, en conféquence il cite l'article 78 de ce Réglement, qui porte :

« Depuis qu'un Livre a été une fois publié ou imprimé hors le Royaume, » aucun ne peut obtenir un privilége particulier pour l'imprimer en ce » Royaume ».

Nous entrons à ce ſujet en quelque détail pour vous prémunir contre l'impreſſion qu'il pourroit faire ſur vos eſprits. Ce Réglement, Meſſieurs, n'eſt rien moins qu'authentique, & il eſt étonnant qu'un Juriſconſulte l'ait adopté & l'ait donné pour une loi exiſtante. Ce Réglement n'eſt qu'un nouveau projet de réglement. Laurent Bouchel, célebre Juriſcon-ſulte, a cru qu'il manquoit pluſieurs chefs dans les Statuts de 1618, il s'eſt occupé à refondre le Réglement. Il l'a diviſé par titres & par matieres, il y a ajouté de nouveaux articles, l'ancien n'en contient que trente-huit, il en a fait quatre-vingt-quatre, ainſi il y en a quarante-ſix d'augmentation, & il y a ajouté une conférence des Ordonnances & Arrêts intervenus ſur la matiere. Ce Réglement toujours reſté en nature de projet n'a point été revêtu de Lettres-patentes, il n'a été homologué en aucune Juriſdiction. C'eſt l'ouvrage d'un ſavant homme, mais ce n'eſt rien de plus, & nous ne pouvons le regarder comme loi. On peut dire tout au plus que c'eſt un monument de l'uſage qui com-mençoit à ſe pratiquer alors, & pour vous en convaincre, il nous ſuf-fira de vous rapporter l'interprétation qu'il donne lui-même aux diffé-rens articles qu'il ajoute, & de vous faire voir le fondement ſur le-quel il s'appuie.

Par exemple, l'art. 78 que nous venons de citer, contient une défenſe d'obtenir un privilége pour un livre rendu public ou imprimé hors du Royaume.

A cet égard il cite un Arrêt du Conſeil du 14 Mars 1583, pour le cours de droit Canon imprimé à Rome, un Arrêt de la Cour du 15 Mars 1586, pour l'impreſſion de Séneque auſſi imprimé à Rome avec les notes de Muret, un autre Arrêt de la Cour lors duquel Laurent Bouchel plaidoit lui-même pour la Somme de ſaint Thomas, & enfin un Arrêt de la Cour du 3 Août 1579 contre Philippe Tinghy, ſans dire à l'occaſion de quel livre il fut rendu. Cet expoſé ſeul ſuffit pour démontrer que lors de cet Arrêt il ne pouvoit être queſtion, comme nous l'avons déja obſervé, que des livres anciens ou étrangers qui faiſoient le fond général de l'Imprimerie du Royaume.

Juſqu'à préſent la queſtion n'a été décidée par aucune loi poſitive. S'il y a quelques déciſions particulieres, elles ſont ſi rares & ſi généraliſées, qu'on peut dire qu'il n'y a point de loi à ce ſujet. Voyons donc ſi la queſtion ſera débarraſſée des nuages qui l'enveloppent dans la troiſieme époque dont il nous reſte à vous rendre compte à la prochaine aſſemblée.

Séance du 31 Août 1779.

T R O I S I E M E   E P O Q U E.

Nous avons diviſé le compte des Réglemens intervenus ſur la Librairie en trois époques, nous avons parcouru les deux premieres dans la derniere aſſemblée, il ne nous reſte plus qu'à vous détailler ce qui s'eſt paſſé dans la troiſieme. Cette partie contient ce qu'il y a de plus certain ſur les loix générales de l'Imprimerie du Royaume.

François Ier a toujours été regardé comme le reſtaurateur des Lettres en France. Il doit ſans doute cette qualification à la protection particuliere qu'il a accordée aux gens de Lettres: il en amena d'Italie, il en attira des autres pays étrangers ; ils étoient accueillis à ſa Cour, cette protection particuliere les fit de même conſidérer dans tout le Royaume, & ne contribua pas peu à l'avancement des Sciences & des Arts, ils marcherent à grands pas vers leur perfection : mais cette rapidité dans leurs progrès fut principalement due à l'invention de l'Imprimerie, qui étoit déja très-floriſſante lorſque ce Prince parvint au Trône. Depuis cette époque les Sciences parvinrent inſenſiblement à cet éclat qui préparoit en quelque ſorte le regne de Louis XIV, regne brillant qu'on peut comparer avec les ſiécles les plus beaux d'Athenes & de Rome.

L'avenement de Louis XIII à la Couronne ſembla préparer la gloire de ſon ſucceſſeur. Au milieu des troubles, dont le commencement de ſon regne fut agité, il s'occupa des ſuccès de la littérature renaiſſante, & dans le temps même qu'il étoit occupé à étouffer les ſemences de la diſcorde, il ne négligea rien de tout ce qui pouvoit procurer l'illuſtration de la France littéraire : pour y parvenir plus ſûrement, il jetta un regard ſur l'Imprimerie, & la conſidéra en même temps comme une ſource également feconde de bien & de mal, & ſous ce double point de vue il s'occupa à lui donner un nouveau luſtre, en même temps qu'il cherchoit à en corriger les abus.

Vous avez vu dans le compte que nous venons de vous rendre qu'en 1618 il avoit approuvé, confirmé les Statuts qui lui avoient été pré-sentés par le Corps de la Librairie; mais ce n'étoit qu'un Réglement particulier pour la Ville de Paris, il voulut faire une loi générale pour tout le Royaume: c'est dans cette vue qu'il donna un Edit qui fut en-registré en la Cour le 19 Janvier 1626.

Le préambule de cette loi rédigée par les soins d'Antoine d'Aligre alors Chancelier de France, le préambule, disons-nous, est trop im-portant pour ne pas le remettre sous vos yeux. Voici comme le Roi s'explique.

Édit 19 Janv
1626.

« Tout ainsi que l'invention de l'Imprimerie a apporté de grandes
» commodités pour les Sciences, aussi a-t-elle amené de grands & dan-
» gereux inconvéniens aux Etats & Républiques où elle a été trop libre-
» ment permise: car par le moyen d'icelle, se sont glissées & semées
» beaucoup de mauvaises & fausses maximes de doctrine contre Dieu,
» la Religion, les bonnes mœurs, la paix & le bien public, ce que le
» Roi Charles, notre prédécesseur de bonne mémoire, n'ayant que trop
» reconnu & expérimenté dès le commencement de son regne, auroit,
» par un Edit du mois de Septembre 1563, vérifié en notre Cour de
» Parlement, au mois de Novembre ensuivant, fait défenses à toutes
» personnes, sur peine de confiscation de corps & de biens, de mettre
» en lumiere, imprimer ou faire imprimer aucuns livres, lettres, ha-
» rangues, ni autres écrits en rimes ou prose, faire ni semer Libelles
» diffamatoires ou placards, ni mettre en évidence aucune composition
» de quelque chose qu'elle traite, sans que premiérement elle n'ait été
» vue & considérée en son privé Conseil, & pour ce faire obtenir per-
» mission sous son grand sceau, & à tous Libraires d'en imprimer au-
» cuns sans permission ainsi scellée, sur peine d'être pendus & étranglés;
» & statué pareillement que tous ceux qui seront trouvés attachans ou
» avoir attaché ou semé aucuns placards ou Libelles diffamatoires, se-
» roient punis de même peine; laquelle Ordonnance auroit encore été
» par lui-même confirmée en l'assemblée des trois Etats tenue à Moulins
» en 1566. Mais comme à cause des grands troubles & désordres depuis
» arrivés en cettuy notre Royaume presque toutes les bonnes loix &
» institutions ont été corrompues & méprisées, entr'autres lesdites dé-
» fenses, chacun entreprend hardiment & impunément de publier &
» faire imprimer ce que bon lui semble, au grand préjudice de la Doc-
» trine Chrétienne, notre service, le bien public, la paix & la tran-
» quillité de notre Royaume, sous prétexte que depuis trente ans ou en-
» viron certaines sortes de gens peu soucieux de la tranquillité d'icelui,
» ont établi & fait établir des Imprimeries en tous endroits, aulieu qu'an-
» ciennement il n'y en avoit qu'en nos bonnes Villes de Paris & de
» Lyon, & en quelques autres Villes où il y a Université, esquelles il
» y en avoit de petites pour imprimer seulement des theses, des heures,
» des calendriers, auxquels désordres & abus désirant remédier & res-
» treindre la faculté d'imprimer en terme d'une justice & équité politique,
» ensorte que la Religion ni le bien public n'y puissent désormais re-
» cevoir de préjudice notable, nous de l'avis de notre conseil, &c. »

G ij

Tel eſt, Meſſieurs, le préambule de l'Edit de Louis XIII, & cet Edit vous donne, pour ainſi dire, la clef de toutes les difficultés qui ſe ſont élevées depuis. En effet il eſt évident, d'après le préambule même, qu'il n'y avoit ni ne devoit y avoir d'Imprimerie dans le Royaume que dans les ſeules villes de Paris & de Lyon ; vous avez vu dans le compte que nous avons eu l'honneur de vous rendre des anciennes Ordonnances concernant la Librairie, qu'il n'y avoit eu de réglement fait que pour les ſeules villes de Paris & de Lyon. Il eſt bien vrai qu'il exiſtoit des Imprimeurs dans d'autres Villes où il y avoit Univerſité ; mais c'étoient de petites Imprimeries deſtinées à l'Impreſſion des Théſes, des Heures & des Calendriers. Enfin le Roi ſe plaint que depuis trente ans ou environ, il s'eſt établi des Imprimeries furtives en tous lieux qui ont donné naiſſance aux plus grands déſordres ; c'eſt ſans doute cette multiplicité d'Imprimeries, qui fait aujourd'hui naître les difficultés que l'on aura tant de peine à ſurmonter dans la ſuite ; mais il n'en réſulte pas moins que même à cette époque, il ne pouvoit y avoir de concurrence qu'entre les Imprimeurs de Paris, & ceux de la ville de Lyon ; puiſque d'un côté les Imprimeries des Villes où il y a Univerſité n'étoient deſtinées qu'à imprimer les Auteurs claſſiques, les Livres de piété & les Almanachs, & d'un autre côté les autres Imprimeries n'étoient que des laboratoires furtifs, & déſavoués même du Gouvernement. Il ne faut donc pas s'étonner des précautions imaginées par l'adminiſtration qui obligeoient chaque Imprimeur à mettre en tête de chaque Livre le nom de l'Auteur, la marque de l'Imprimeur & le lieu de l'impreſſion.

D'après ces réflexions, voyons ce que porte l'Edit de 1626 ; le Roi, par cet Edit perpétuel & irrévocable, renouvelle les diſpoſitions de l'Edit de Charles IX ; fait défenſes à toutes perſonnes de quelque qualité & condition qu'elles ſoient de rien imprimer ou faire imprimer, ſous peine de confiſcation de corps & de bien ſans avoir obtenu des Lettres de permiſſion ſcellées du grand ſceau, ſans qu'aucune permiſſion d'imprimer puiſſe être obtenue ailleurs ou autrement. L'Edit ajoute enſuite, voulons & nous plaît que tous Imprimeurs & Libraires qui auront entrepris d'imprimer, vendre ou debiter aucuns Livres ou Compoſitions nouvelles, ſans permiſſion expédiée en la forme ſuſdite, de laquelle enſemble du nom de l'Auteur, ſera fait mention au commencement & à la fin de chaque Livre, ſoient pendus & étranglés, ainſi que tous ceux & celles qui ſe trouveroient avoir attaché ou ſemé Placards & Libelles diffamatoires.

Toutefois, afin de ne porter préjudice aux gens de Lettres & Univerſités de notredit Royaume, nous n'avons entendu, comme nous n'entendons comprendre, l'impreſſion & debit des Livres des anciens Auteurs non défendus, pourvu qu'il n'y ait rien de nouveau ajouté au Texte, Gloſe ou Commentaires anciens non condamnés. Si donnons, &c.

Cet Edit a été enregiſtré le 19 Janvier 1626, mais l'Arrêt d'enregiſtrement contient certaines modifications, 1°. Que la peine de mort n'aura lieu qu'en ce qui concerne la Religion & les affaires d'Etat ; 2°. à la charge que les Lettres de priviléges qui feront à l'avenir octroyées, feront vérifiées en la Cour ; 3°. Enfin à la charge que l'Arrêt de vérification fera inféré à la fin & au commencement defdits Livres.

Cet Edit renouvelle, comme vous le voyez, les difpofitions des anciennes Ordonnances, mais en même-temps il femble introduire un droit nouveau, puifqu'il exempte de la néceffité des permiffions les Auteurs anciens qui n'ont point été condamnés, d'où il refulte que ce font les Auteurs anciens qui font reftés communs à tous les Imprimeurs, & l'impreffion en a été permife fans obtenir des Lettres du fceau, qui, jufques-là néanmoins, avoient été regardées comme néceffaires & indifpenfables. D'où l'on peut conclure que la liberté indéfinie d'imprimer à l'expiration d'un privilége, ne peut regarder que les anciens Auteurs, foit qu'ils n'imprimaffent que le texte, foit qu'ils imprimaffent en même-temps des notes & des commentaires.

Les difpofitions contenues dans cet Edit ont été renouvellées par des Lettres-Patentes datées du Camp devant la Rochelle le 27 Décembre 1627, elles ont été adreffées au Lieutenant-Civil & au Châtelet. Le Roi fe plaint de ce que plufieurs de fes Sujets, au mépris des Ordonnances qui prononcent la perte des biens & une punition corporelle, ne ceffent de faire imprimer leurs Livres fans permiffion du grand fceau, foit pour l'intelligence qu'ils ont avec les Libraires, foit par la facilité qu'ils trouvent d'obtenir des priviléges dans les petites Chancélleries, ce qui caufe de très-grands abus; à quoi voulant remédier, il ordonne que l'Ordonnance de Moulins, celles des Rois fes prédéceffeurs, & fon Edit de l'année précédente pour l'impreffion des Livres, foient inviolablement gardées & obfervées fur les peines y portées, & par une difpofition particuliere (fans doute parce que la Cour avoit apporté une modification à la peine de mort, & l'avoit reftrainte aux Livres concernant la Religion & les affaires d'Etat), le Roi fait très-expreffes inhibitions, & défenfes à toutes perfonnes, de faire imprimer aucuns Livres ou Livrets, ou autres Livres quelconques, en quelque langue & matiere que ce foit, fans avoir le privilége fcellé du grand fceau & non d'autre, à peine de nullité, & à tous Libraires, Imprimeurs & autres d'y avoir égard, ni d'imprimer aucuns Livres fans ladite permiffion du grand fceau, à peine de l'amende, confifcation de tous leurs Livres, d'interdiction pour un an de leur exercice & trafic, & de plus grandes peines, s'il y échoit.

Lettres Patentes
Décembre 1627.

Ces Lettres Patentes ont été publiées, l'Audience & Préfidial tenant au parc civil du Châtelet, & enregiftrées ès regiftres des........pour y avoir recours quand befoin fera le 21 Janvier 1628. Ces deux Loix nouvelles ne touchoient en rien à la propriété des Auteurs, il n'y étoit pas même queftion de la durée des priviléges, ni de leur continuation; nous trouvons depuis cette époque une infinité de priviléges accordés à différens Auteurs, qui paroiffent avoir reçu leur exécution.

Cependant la queftion de propriété s'éleva avec plus de force, & le Gouvernement commença à y donner une véritable attention; il paroît même qu'on refpecta cette propriété jufques dans la perfonne des Etrangers. Le Cardinal Bentivoglio avoit compofé l'Hiftoire des Guerres de Flandres. Quinet, Libraire à Paris, voulut l'imprimer à l'infu de l'Auteur; il n'ofa pas s'adreffer à la grande Chancellerie pour en demander la permiffion : il obtint un privilége en la Chancellerie du Palais, c'é-toit aller contre les deux dernieres Loix dont nous venons de vous rendre compte, qui vouloient qu'on ne put imprimer fans une permiffion du Grand Sceau. Le Cardinal Bentivoglio fans doute fe plaignit, & par Arrêt du Confeil du 16 Janvier 1635, le privilége fut révoqué, & il fût fait défenfes à Quinet de vendre l'Hiftoire des Guerres de Flandres, fans le confentement du Cardinal Bentivoglio, & fans permiffion de la grande Chancellerie.

Il eft impoffible de ne pas faire attention à ces mots *fans le confente-ment du Cardinal Bentivoglio.* Ce n'eft pas fans doute fa qualité de Car-dinal qui fit obtenir cette défenfe, parce qu'il étoit étranger ; c'eft fa qualité d'Auteur & de Propriétaire de l'ouvrage qu'on crut devoir ref-pecter ; & c'étoit un motif digne de Louis-le-Jufte.

Pendant ces conteftations, l'Imprimerie dégénéroit en France, on crut s'appercevoir que ce défordre prenoit fa fource dans la concurrence ; Pierre Seguier, devenu Chancelier de France, (il avoit fuccédé à Etienne d'Aligre), Pierre Seguier fuivit la route qui lui avoit été tracée par fon Prédéceffeur. Il commença par donner ordre à la Communauté de s'af-fembler le 14 Février 1647 ; il lui fut fait défenfes de rien imprimer fans en avoir obtenu la permiffion du Roi & des Lettres du grand fceau. Cet ordre fut enregiftré, & le procès-verbal eft figné de prefque tous les Libraires de Paris. On arrêta de faire des remontrances à M. le Chan-celier, il y eut une députation à cet effet, M. le Chancelier la reçut ainfi que les remontrances ; mais le 7 Mars fuivant, le Corps de la Librairie reçut ordre confirmatif du précédent, & qui s'étendoit juf-qu'aux Livres anciens. Le Corps de la Librairie s'affembla pour rece-voir les ordres du Roi, mais l'affemblée fe retira, & le procès-verbal ne fut figné que des Syndic & Adjoints : nous avons nous-mêmes vérifié ces faits fur les Regiftres de la Librairie. Le Corps fut confterné, il garda le filence le plus profond ; mais bientôt le Miniftere fe porta à donner un nouveau Réglement à ce fujet ; & pour lui procurer l'effet légiflatif, ce Réglement parut dans l'Edit donné au mois de Décembre 1649 & vérifié en la Cour le 7 Septembre fuivant. Comme cet Edit fait époque, nous croyons devoir le rapporter avec une forte d'étendue.

(en marge : Regiftre de la Li-rie.)

Voici, Meffieurs, comme s'explique le préambule de cet Edit, & vous verrez que c'eft, pour ainfi dire, les mêmes plaintes que celles qu'on éleve aujourd'hui. Le Roi commence « par reconnoître *les grands défordres qui fe font introduits dans l'Imprimerie, comme elle fe pratique en fon Royaume.* Le mal procéde de ce qu'au préjudice des Régle-mens, on reçoit en cette profeffion des perfonnes incapables de l'exer-cer. On imprime à Paris, dit le Préambule, fi peu de bons Livres, & ce qui s'en imprime paroît fi manifeftement négligé, que nous pou-vons dire que c'eft une efpece de honte, & reconnoître que c'eft un grand dommage à notre Etat, ... de cette fource procéde encore un autre malheur, qui eft qu'un Libraire ou un Imprimeur faifant état de fon exercice, & en reconnoiffant le mérite & la dignité, entrepre-nant un Ouvrage digne de voir la lumiere avec dépenfe & diligence ; auffi-tôt on verra naître mille avortons contrefaits, de gens qui, en

(en marge : Edit du Roi. Dé-bre 1649.)

» la concurrence de celui-là, feront imprimer le même œuvre, en mau-
» vais papier, de caractere tout ufé & fans correction ; en forte que
» par un foin préjudiciable au Public, ils portent dommage aux Ouvriers
» fideles, nuifent à ceux qui auroient le deffein de bien faire, & s'in-
» commodent eux-mêmes ; ce défordre, en la police de notre Etat,
» donne de grands avantages aux Etrangers, quand pour mieux faire ils
» attirent chez eux le négoce, même fe portent plus avant, & ont des
» boutiques dans nos bonnes Villes, au moyen de quoi, fous des noms
» empruntés, ils emportent l'argent du Royaume, ou, au contraire, ils
» avoient coutume de prendre de nous non-feulement des papiers
» blancs, mais auffi toutes fortes de Livres qui s'imprimoient en notre
» Royaume d'une façon plus correcte qu'elle ne fe faifoit en aucune autre
» part ».

Il eft aifé à juger que les grands abus fe font introduits par l'incapacité des Maîtres qui a procédé de leur multitude, du peu d'intelligence
qu'ont entr'eux les Imprimeurs & les Libraires de notre Royaume. Pour
faire ceffer ces abus, & remettre le plus beau & le plus utile de tous
les Arts en fon luftre, le Roi déclare qu'il s'eft fait repréfenter les Ordonnances des Rois fes prédéceffeurs, & la fienne fur le fujet de l'Imprimerie, avec les états & Réglemens qui de temps en temps ont été
faits pour fa réformation, lefquels vus, & ouis encore quelques-uns
des plus intelligens Imprimeurs & Libraires de notre bonne Ville de
Paris, il a réfolu de faire étroitement obferver le préfent Réglement.

Cet extrait du préambule vous fait voir, Meffieurs, dans quel efprit
il a été rédigé. Il eft divifé en trente-fept articles : nous ne vous rappor-
terons que ceux qui ont trait à la matiere.

L'article 11 porte : Défendons à tous Libraires, Imprimeurs & Relieurs, conformément aux Ordonnances, Arrêts de notre Confeil & de
notre Parlement, d'imprimer aucuns nouveaux Livres, foit en Vers, foit
en Profe, fans en avoir nos Lettres de permiffion fcellées de notre
grand fceau, fous les peines portées par nos Ordonnances.

Voilà, Meffieurs, le feul article qui concerne les Livres nouveaux.

L'article 13 porte : Que les Marchands Forains qui feront venir des
Livres de dehors notre bonne Ville de Paris, feront tenus de les apporter
dans la Chambre de la Communauté, pour être vifités par les Syndic
& Adjoints, pour voir s'il n'y a point de Livres ou libelles diffamatoires contre la Religion & l'Etat, ou autres Livres imprimés fans nom
d'Auteur & le nom de la Ville où ils auront été imprimés ou contrefaits fur ceux qui auroient été imprimés à Paris avec privilége.

L'article 20 défend expreffément à tous Libraires-Imprimeurs & Relieurs de prendre le nom ni la marque les uns des autres, ni de faire
imprimer aucuns Livres hors du Royaume, & de fuppofer ou déguifer
le nom, la marque & le lieu où lefdits Livres auront été imprimés, à
peine de 3000 liv. d'amende & de confifcation des Livres, defquels la
marque & le nom aura été fuppofé.

L'article 24 s'explique ainfi : Pour donner l'Ouvrage à ceux d'entre
les Libraires & les Imprimeurs qui voudront réimprimer quelques-uns
des Peres de l'Eglife Grecs ou Latins, ou autres œuvres de bons Au-

teurs de l'antiquité, en quelque langue qu'ils foient, leur donner auſſi moyens de retirer leurs frais & de continuer de bien en mieux, nous voulons qu'ils puiſſent en obtenir le privilége de notre grand ſceau, pour tel temps que nous le jugerons raiſonnable, ſelon le mérite de l'Auteur, & ce en une ſorte de volume ſeulement, ſavoir *in-fol. in-4, in-8*, ou autres : permettons aux autres Libraires, Imprimeurs ou Relieurs, d'obtenir nos Lettres de priviléges pour les imprimer en une autre ſorte de volume, ſans que pendant ledit temps qui leur ſera accordé, aucun autre Imprimeur ou Libraire le puiſſe contrefaire, imprimer ni vendre dans notre Royaume, ſous prétexte que la copie vient de pays étranger, qu'il n'y ait jamais eu de privilége, ou qu'y en ayant eu, il ſoit dès long-temps expiré, nonobſtant toutes Lettres & Réglemens à ce contraires, ſur les peines portées par ledit privilége.

Le Roi excepte les Vies des Saints, ſi elles ne ſont de nouvelle invention & traduction, tous les Uſages Romains, réformés ou non réformés ; comme Miſſels, Bréviaires, Diurnaux, Pſeautiers, Graduels, Antiphonaires, & autres ; les Prieres & les Catéchiſmes, qui pourront être imprimés par tous les Libraires & Imprimeurs, en prenant par eux une approbation.

Le Roi excepte de même les anciens Deſpauteres, les Dictionnaires, les Grammaires, & les autres petits Livres des baſſes claſſes, qui pourront être imprimés par tous les Libraires & Imprimeurs, avec l'approbation du Recteur de l'Univerſité. Enfin, cette exception comprend les Almanachs, dont l'impreſſion ſera libre, à la charge qu'il n'y aura point de pronoſtication, ſur peine de punition corporelle.

Par l'article 27, pour éviter toute ſurpriſe, le Roi ordonne que tous les priviléges ſeront inſcrits ſur le Livre de la Communauté, lequel Livre ſera communiqué à tous ceux qui voudront le voir, afin qu'il n'arrive plus de concurrence, & que deux Libraires ou Imprimeurs ne ſe rencontrent pas à demander le privilége du même Livre.

Voilà, Meſſieurs, tout ce que nous trouvons dans cet Edit qui ait rapport au compte que vous nous avez demandé.

Premiérement, les défenſes générales d'imprimer aucuns Livres nouveaux ſans permiſſion du grand Sceau ; ſecondement, des défenſes de contrefaire, ſuppoſer ou déguiſer le nom d'un Imprimeur ; troiſiémement, une permiſſion générale de réimprimer les bons Auteurs de l'Antiquité, en obtenant un privilége pour une ſorte de Volume, avec faculté aux autres Libraires d'obtenir un privilége pour le même Ouvrage, en l'imprimant ſous un autre format ; & enfin, l'obligation d'inſcrire tous les priviléges ſur le Livre de la Communauté, pour éviter la concurrence.

Cet Edit, Meſſieurs, ne fut enregiſtré qu'en partie : la Cour laiſſa en ſuſpens les articles 26, 27, 28 & 29, & elle ordonna à cet égard, que douze perſonnes notables, de littérature & d'expérience en fait de Librairie & Imprimerie, qui ſeroient nommées d'office par le Procureur-Général, ſeroient ouies, pour donner leur avis ſur la commodité ou incommodité que le public peut recevoir de l'exécution du contenu auxdits articles. Ce qui donna lieu à cette ſuſpenſion fut une oppoſition formée à l'homologation de ces nouveaux Statuts par les Recteur, Doyen & Suppôts de l'Univerſité de Paris, qui prétendoient que ſes droits avoient été anéantis, &

qu'elle

Arrêt du 7 Septembre 1650.

qu'elle n'avoit point été appellée , lors de la vérification de ces Réglemens. Cette contestation n'a point été terminée , ou du moins , nous n'avons pu découvrir quel en a été le jugement.

Dans cet intervalle le Roi donna des Lettres-Patentes , le 10 Décembre de la même année 1649 , portant défenses à tous Imprimeurs & Libraires d'imprimer aucuns Livres fans permiffion du grand Sceau , & ordonna que fi plufieurs ont obtenu permiffion pour le même Livre , le premier en date foit préféré ; & les mêmes Lettres-Patentes portent , qu'on ne pourra obtenir des Lettres de continuation , que la durée du premier privilége ne foit expirée.

Ces Lettres-Patentes donnerent lieu à une nouvelle affemblée de la Communauté des Libraires : elle fe tint le 28 Janvier 1650, & on arrêta dans cette affemblée , de n'imprimer ni contrefaire les pieces les uns des autres , dont ils auroient eu permiffion verbale ou par écrit.

Par une autre délibération du 17 Août de la même année , elle arrêta encore , que ceux qui obtiendroient des priviléges ou continuation de priviléges , même pour les Livres anciens ou imprimés hors du Royaume , en jouiroient paifiblement.

Cependant , Meffieurs , on inftruifoit le procès entre la Communauté des Imprimeurs & l'Univerfité , fur l'oppofition formée au Réglement du mois de Décembre 1649 , & dans une affemblée du 17 Mars 1650, il fut rédigé un projet de nouveaux articles , au nombre de dix , pour tous les cas qui n'avoient pas été prévus dans ce nouveau Réglement , & nous voyons dans ce nouveau projet que l'article X contient , que tous Libraires qui obtiendront prolongation de privilége , ou privilége d'un ancien Livre , même des Livres qui auront été imprimés hors du Royaume , feroient tenus de donner un certain nombre d'exemplaires , pour fubvenir aux affaires de la Communauté & à la néceffité des pauvres d'icelle , & ce , pour une fois feulement , à chaque obtention ou prolongation de privilége.

Ces nouveaux articles furent également conteftés par l'Univerfité ; & lors de la vérification de l'Edit de 1649 , il fut pareillement ordonné que les douze Notables qui devoient être nommés en vertu de l'Arrêt , donneroient pareillement leur avis fur le nouveau projet d'articles , enfemble fur la Déclaration du 20 Décembre 1649 : cette date du 20 eft une erreur dans l'imprimé , car il n'y en a point à cette époque : il falloit imprimer , celle du 10 Décembre : ce font les Lettres-Patentes dont nous venons de rendre compte.

Nous avons eu l'honneur de vous obferver que cette conteftation n'a point été terminée ; & par conféquent , le Réglement concernant la liberté des priviléges fur les Livres anciens , n'a reçu fon exécution que par l'ufage , & non en vertu de la Loi. Pour prouver cet ufage , les Libraires de Paris invoquent quinze Jugemens confirmatifs de leurs Délibérations , qui ont été rendus dans le cours de quatre années , foit en confifquant les Livres contrefaits , foit en maintenant les continuations des priviléges conteftés. La Cour elle-même ne parut point s'écarter de cette Jurifprudence : elle fe contenta de défendre d'obtenir aucune continuation de privilége , à moins qu'il n'y eut augmentation du quart. Cet Arrêt eft rendu le 7 Septembre 1654, entre les Communautés des Libraires de Paris & ceux de Rouen: mais nous ne voyons point à quelle occafion ce Réglement a été fait.

H

Les chofes font reftées en cet état jufqu'en l'année 1665, qu'il fut enjoint à la Communauté par M. d'Ormeffon, de la part de M. le Chancelier, de propofer des moyens capables de mettre fin à tous les procès qu'occafionnoient les priviléges, & continuations des priviléges entre les Libraires de Paris & ceux des Provinces.

A cette époque il s'étoit élevé un procès au Confeil entre Joffe, Libraire de Paris, en vertu d'une continuation de privilége, à l'occafion d'une faifie faite fur Malaffis, Libraire de Rouen; cette faifie avoit pour objet les *Méditations de Beuvelet*, dont l'ouvrage avoit été contrefait par Malaffis. Joffe demandoit au Confeil la condamnation de l'amende de 6000 liv. prononcée par le privilége; la Communauté des Libraires de Paris intervint pour Joffe, & demanda que les continuations de priviléges fuffent maintenues, & qu'il fut permis d'en obtenir.

La Communauté des Libraires de Rouen, celle de Lyon & quelques Libraires de Paris intervinrent pour Malaffis, & demanderent que les continuations de priviléges fuffent fupprimées; nous voyons que les Libraires de Paris produifirent quatre-vingt-dix-fept continuations de priviléges qu'ils avoient obtenu depuis 1641 jufqu'en 1665.

Sur cette conteftation il intervint un Arrêt en forme de réglement général pour toute la Librairie du Royaume concernant les priviléges & les continuations de priviléges: il eft indifpenfable de vous en remettre le difpofitif fous les yeux.

Le Roi en fon Confeil faifant droit fur l'inftance, fans s'arrêter à l'intervention & oppofition des Maîtres & Gardes des Imprimeurs & Libraires de Rouen & de Lyon, ordonne que les lettres de continuation de priviléges obtenues par Joffe feront exécutées felon leur forme & teneur; fait défenfes à toutes perfonnes d'y contrevenir fur les peines portées par icelles, & pour y avoir par ledit Malaffis contrevenu, déclare les exemplaires contrefaits du Livre intitulé *Méditations Chrétiennes & Eccléfiaftiques*, faifis en vertu de Lettres du grand fceau du dernier Mars 1664, & mentionnés au Procès-verbal du 9 Avril enfuivant, & autres en quelques lieux qu'ils fe trouvent, acquis & confifqués au profit dudit Joffe, le condamne aux dommages-intérêts, & dépens de l'inftance liquidés à la fomme de 600 liv. fans autres dépens, lui fait défenfes de récidiver fous plus grandes peines, l'a déchargé de grace de l'amende portée par lefdites Lettres pour cette fois feulement.

Ordonne Sa Majefté que la Déclaration du 20 Décembre 1649, & Arrêt du Confeil du 14 Août 1663, feront exécutés felon leur forme & teneur, & iceux interprétant que les Lettres de permiffions & privilége ci-devant obtenues par les Marchands Libraires de Paris, Lyon, Rouen, Bordeaux, Touloufe & autres Villes, d'imprimer ou réimprimer feront exécutées felon leur forme & teneur, tant pour les Livres qu'ils ont imprimé ou commencé d'imprimer, que pour ceux qui reftent à imprimer, à la charge d'en commencer l'impreffion dans fix mois, finon déchus, &c.

Comme auffi à la charge que lefdits Imprimeurs & Libraires qui ont obtenu ou obtiendront ci-après des Lettres de privilége, & continuation d'icelles employeront de beau papier, de beaux caracteres, &c.

Et pour empêcher l'impreffion des Livres contraires à la Religion

Catholique, au fervice de Sa Majefté & au bien de l'Etat, fait défenfes à toutes perfonnes d'imprimer aucun Livre nouveau fans Lettres-Patentes fcellées du grand fçeau, conformément à la Déclaration de 1626, fous les peines portées par icelles, même aucuns des anciens Auteurs, encore qu'il n'y ait rien d'ajouté au texte, Glofes ou Commentaires, fans permiffion du Juge Royal, dans le reffort. duquel lefdits Imprimeurs feront domiciliés, à peine d'être procédé contre eux extraordinairement.

Ordonne que ceux qui auront obtenu des Lettres de priviléges, & voudront en obtenir des continuations pour fe récompenfer de leurs avancés, frais & travail ou autrement, feront tenus de fe pourvoir pardevant Sa Majefté, pour cet effet, un an avant l'expiration defdites Lettres, leur fait, Sa Majefté, défenfes d'en demander ni obtenir après ledit temps paffé, enfemble de demander aucunes Lettres de priviléges ou continuation pour imprimer les Auteurs anciens, à moins qu'il n'y ait augmentation ou correction confidérable, fans que pour ce fujet il foit défendu aux autres d'imprimer les anciennes éditions non augmentées ni revues, & en cas qu'elles foient obtenues, ci-après demeureront nulles.

Ordonne que ceux qui auront obtenu des Lettres de privilége ou continuation, feront tenus de les faire fignifier aux Syndics des Libraires de Paris qui feront tenus d'en tenir un regiftre particulier pour y avoir recours, &c.

Ordonne néanmoins que pour les continuations de priviléges ils feront tenus de les faire fignifier aux Syndics, Adjoints ou Maîtres & Gardes des Libraires de Lyon, Rouen, Touloufe, Bordeaux & Grenoble feulement, afin que nul n'en prétende caufe d'ignorance, & ne puiffe imprimer & contrefaire lefdits Livres fous prétexte de l'expiration du premier privilége, enjoint Sa Majefté aux Syndics, Adjoints & Maîtres & Gardes de tenir la main à l'exécution du préfent Arrêt, & d'empêcher qu'il n'y foit contrevenu, à peine d'en répondre en leur propre & privé nom ; à cet effet les Livres dont on aura obtenu privilége, ne pourront s'imprimer ailleurs que dans les Villes où demeureront les Libraires qui auront obtenu lefdits priviléges fous peine de confifcation des exemplaires qui fe trouveront avoir été imprimés dehors, de nullité defdits priviléges & de 3000 liv. d'amende, & fervira le préfent Arrêt de réglement général nonobftant l'Arrêt du Parlement de Paris du 7 Septembre 1657, & tous autres Réglemens & Arrêts à ce contraires, & en cas de contravention permet, Sa Majefté, d'affigner les Contrevenans au Confeil en vertu du préfent Arrêt. Fait au Confeil, &c.

Ce nouveau réglement contient, comme vous le voyez, deux difpofitions, la premiere concerne Joffe & Malaffis. Joffe fut maintenu dans la jouiffance de la continuation de fon privilége, Malaffis fut condamné aux dépens ; fes feuilles d'impreffion confifquées, il fut condamné aux dommages & intérêts de Joffe, liquidés à 600 liv. il lu fut fait défenfes de récidiver fous plus grandes peines, & par grace feulement, il fut déchargé de l'amende portée par les Lettres de continuation de privilége.

Quant aux demandes refpectives des Communautés, le même Arrêt forme un réglement général pour toute la Librairie , concernant les Priviléges & continuation de priviléges. Voici les principaux objets de ce Réglement.

Premierement le Roi confirme tous les priviléges ci-devant accordés , à la charge de commencer l'impreſſion dans ſix mois, de ceux qui n'avoient point encore été imprimés.

En ſecond lieu , le Roi veut que ceux qui ont obtenu ou obtiendront des Lettres de priviléges ou de continuation , ſoient tenus d'employer de bon papier & de beaux caracteres.

Troiſiemement , le Roi défend d'imprimer aucuns Livres nouveaux ſans une permiſſion ſcellée du grand ſceau.

Quatriemement , il défend d'imprimer aucun ancien Auteur ſans permiſſion du Juge Royal du reſſort.

Cinquiemement , il ordonne que pour obtenir une continuation de privilége pour les Livres nouveaux , on ſe pourvoira un an avant l'expiration des premieres.

Sixiémement , le Roi défend de demander aucun privilége pour imprimer les Auteurs anciens , à moins qu'il n'y ait une augmentation conſidérable.

Septiemement , il permet aux autres Imprimeurs d'imprimer les anciennes éditions qui ne ſont ni revues ni augmentées.

Huitiémement , il ordonne que toutes les Lettres de priviléges ſeront inſcrites ſur le Livre de la Communauté des Libraires de Paris , & cet enregiſtrement tiendra lieu de ſignification deſdits priviléges.

Neuviémement , il ordonne que les continuations de priviléges ſeront ſignifiées aux Syndics & Adjoints des Libraires de Lyon , Rouen, Toùlouſe, Bordeaux & Grenoble ſeulement , afin que nul n'en puiſſe prétendre cauſe d'ignorance.

Dixiémement , il ordonne que les Livres , dont on aura obtenu privilége, ne pourront s'imprimer par d'autres à peine de trois mille livres d'amende.

Onziémement enfin , cet Arrêt doit ſervir de réglement général nonobſtant l'Arrêt de la Cour de 1647 , & tous autres Réglemens & Arrêts à ce contraires.

Ce réglement fut exécuté tant que le Chancelier Séguier fut à la tête de la Librairie , il fut même renouvellé par un Arrêt du Conſeil du 11 Septembre 1665 , qui confirma celui du 27 Février de la même année ; on chercha néanmoins à en éluder l'exécution, le réglement de 1665 porte , que les continuations de priviléges ſeront demandées un an avant l'expiration du précédent , & défend en même temps de demander des priviléges pour les Auteurs anciens , à moins qu'il n'y eût une augmentation conſidérable. On imagina de qualifier d'Auteurs anciens des Auteurs dont les ouvrages étoient nouveaux. Léonard, Libraire à Paris, avoit un privilége pour les Œuvres de ſaint François-de-Sales. Martin, Libraire de la même Ville, fit imprimer ces mêmes ouvrages. Léonard, en vertu de la continuation de ſon privilége, fit ſaiſir Martin ; en conſéquence il y eut une inſtance au Conſeil. La Communauté des Libraires de Paris intervint dans la conteſtation ; mais par Arrêt du Conſeil du 12 Mai 1671 , ſans s'arrêter à l'intervention des Syndics la ſaiſie fut déclarée bonne & valable , & par une conſéquence néceſſaire les Œuvres de ſaint François - de - Sales furent regardées comme un Livre nouveau.

Cet Arrêt ne fut pas ſuffiſant pour terminer la conteſtation au ſujet des Œuvres de ſaint François - de Sales ; les Libraires voulurent faire enviſager que ces Œuvres étant devenues publiques l'impreſſion en étoit acquiſe à tous les Imprimeurs : on préſenta une Requête en conſéquence, les Libraires de Rouen, de Bordeaux & de Toulouſe, intervirnrent avec la Communauté des Libraires de Paris, & tous réunis ils demanderent la caſſation de l'Arrêt du 12 Mai 1671.

Le prétexte dont on appuyoit cette demande étoit que les Œuvres de ſaint François-de-Sales avoient été miſes en meilleur langage, & ſous ce point de vue on avoit obtenu un privilége. Les Religieuſes de la Viſitation de Sainte Marie, dont ſaint François-de-Sales eſt le Fondateur, avoient obtenu un privilége pour l'impreſſion de ces Œuvres, elles avoient cédé ce nouveau privilége à Léonard à Paris, elles ſe pourvurent au Conſeil & demanderent que le privilége de Martin fut révoqué, & malgré le prétexte d'une nouvelle rédaction des Œuvres de ſaint François de Sales, il intervint le 19 Juin un Arrêt du Conſeil qui ordonna le rapport du privilége, & fit défenſe d'en faire uſage.

À cette époque le Chancelier Seguier mourut en 1672, les Libraires crurent que le moment étoit venu de s'affranchir du dernier Réglement. Le Roi tenoit alors les Sceaux, & les garda juſqu'en 1674, qu'il les remit à Etienne d'Aligre, ſecond du nom, alors Chancelier de France. Le Roi avoit nommé une Commiſſion pour la Librairie, compoſée de ſix Conſeillers d'Etat & de trois Maîtres des Requêtes. Les Libraires de Rouen, de Lyon & même la Communauté de Paris firent les plus grands efforts pour établir la liberté de l'impreſſion des Livres dont il s'agit ; & ce qu'il y a d'étonnant, c'eſt que les Syndic & Adjoints employerent alors les mêmes moyens qu'on emploie aujourd'hui contr'eux, ils adopterent le même ſyſtême malgré le réſultat du Corps aſſemblé qui étoit convenu, que chaque particulier jouiroit des priviléges & continuation de priviléges qu'ils avoient obtenus. Toutes ces raiſons furent impuiſſantes, il intervint, le 31 Juillet 1673, un Arrêt définitif au Conſeil, qui, ſans s'arrêter à la Requête des Libraires de Bordeaux, Toulouſe & Rouen, déboute le nommé Martin & les Syndic & Adjoints des Libraires de Paris de leur demande en caſſation d'Arrêts du Conſeil des 12 Mai & 19 Juin 1671 ; en conſéquence maintient & garde ledit Léonard dans le privilége d'imprimer les Œuvres de ſaint François-de-Sales accordées par Lettres du 10 Juin audit an, fait défenſe d'y contrevenir, condamne Martin & les Syndic & Adjoints en l'amende de 300 liv. envers le Roi, & en 150 liv. envers ledit Léonard & en tous les dépens ; au ſurplus, ordonne que les Syndic & Adjoints ſeront ouis pardevant leſdits Commiſſaires pour être procédé à un Réglement.

Cet Arrêt décide que le premier privilége accordé à Léonard étant expiré, il en avoit pu obtenir la continuation, & en effet elle lui avoit été accordée pendant le cours même de l'inſtance, elle avoit pris naiſſance en 1670, & le ſecond ſe trouve daté dans l'Arrêt même du o Juin 1671 ; mais comme cette queſtion ſe renouvelloit ſouvent, on crut qu'il falloit faire un Réglement précis , & le Roi l'ordonna par ce même Arrêt; mais il ne paroît pas qu'il en ait été queſtion.

On fit cependant des tentatives ſous le Chancelier d'Aligre, & ſous le Chancelier le Tellier ; on préſenta des Requêtes pour faire rapporter des continuations de priviléges , & ces tentatives n'eurent aucun ſuccès ; entr'autres , Muguet, Imprimeur & Libraire à Paris, ayant obtenu pluſieurs continuations de priviléges pour l'impreſſion des Œuvres de ſaint Auguſtin , les Libraires de Lyon ayant formé oppoſition à ces continuations, de privilége, le Roi, par un Arrêt du 21 Novembre 1678 , en ordonna l'exécution.

Les conteſtations ſe multipliant à l'infini , le Chancelier Boucherat ſentit la néceſſité de publier un Réglement qui pût ſervir de regle à l'avenir, & qui devint une Loi générale pour tout le Royaume.

C'eſt dans cette vûe que le Roi fit publier les Edits du mois d'Août 1686 , concernant, l'un , les Libraires & Imprimeurs, & l'autre les Relieurs & Doreurs de Paris.

Il nous a paru, on ne peut pas plus extraordinaire, que ſur le fondement de ce qui eſt porté dans un ancien Mémoire de l'Univerſité, contre les Libraires, on ait voulu révoquer en doute l'authenticité de ces Edits , & celle de leur enregiſtrement.

Dans une Note qui ſe lit dans une petite Brochure, intitulée, *Indication par ordre des Dates ,* on voit qu'il eſt dit dans ce Mémoire de l'Univerſité:

On a ſommé pluſieurs fois juridiquement les Syndic & Adjoints de repréſenter l'original de l'Edit du Roi pour le Réglement des Imprimeurs & Libraires , & celui des Relieurs & Doreurs, regiſtrés en Parlement les 21 Août & 7 Septembre 1686. Sur leurs refus & ſur leur ſilence, on a feuilleté inutilement les Regiſtres du Parlement : enſuite on a prié, & même invité , par acte du 24 Décembre dernier, (lors dernier) lē ſieur Dutillet, Greffier en chef, d'en donner des extraits , & il a déclaré, par acte du même jour, que les prétendus Réglemens ne ſont point enregiſtrés.

Cette aſſertion préſentée dans un Mémoire de l'Univerſité, diſtribué en la Cour, appuyée du témoignage de M. Dutillet, alors Greffier en chef, répétée dans un Imprimé anonyme fait pour le moment actuel, nous a paru d'une importance d'autant plus grande qu'on pouvoit peut-être y ajouter foi , & pour diſſiper tous les doutes à cet égard , nous avons voulu nous aſſurer par nous-mêmes de la vérité de leur enregiſtrement. Non-ſeulement ils ont été enregiſtrés en la Cour , mais ils ont été même tranſcrits ſur les Regiſtres de la Chambre Syndicale de Paris. On lit dans les Regiſtres de la Cour, Edit du Roi pour les Imprimeurs & Libraires de Paris. Il contient 69 articles, il commence par ces mots, *les Rois nos prédeceſſeurs,* il eſt écrit depuis le folio 113 recto, juſqu'au folio 134 recto, & l'Arrêt d'enregiſtrement du 21 Août 1686 eſt ſur le folio 164 verſo, du Regiſtre qui contient leſdits enregiſtremens.

Il en eſt de même de l'Edit de la même année pour le Réglement des Relieurs & Doreurs de Livres, qui contient 18 articles , & qui commence par ces mots : *Quoique la profeſſion,* &c. Il eſt écrit depuis le folio 162 verfo, jufqu'au folio 170 verfo, l'Arrêt d'enregiftrement eft du 7 Septembre 1686, au folio 183 recto, du Regiftre qui les contient.

Non-feulement ces deux Edits ont été enregiftrés en la Cour, mais ils ont été tranfcrits fur les Regiftres de la Chambre Syndicale. Nous trouvons à la date du 10 Janvier 1687, que la Communauté ayant été affemblée en la maniere accoutumée, les Syndic & Adjoints ont dit qu'ils ont reçu des mains de M. de la Reynie, Lieutenant-Général de Police, l'original defdits Edits, avec ordre de les faire exécuter, à l'effet de quoi, pour obéir aux ordres du Roi, ils l'ont fait tranfcrire fur le Livre de la Communauté, & fait lecture en pleine affemblée, & icelui fait imprimer pour le rendre public, déclarant qu'il en feroit diftribué des exemplaires gratis à tous les Maîtres de la Communauté. Ce procès-verbal, Meffieurs, eft figné de cent deux Libraires ou Imprimeurs de la ville de Paris. Après une fi grande publicité, eft-il poffible de révoquer en doute la réalité des deux Edits, & celle de leur enregiftrement?

Ce fait ainfi conftaté, voyons ce que porte cet Edit. Le Roi, dans le préambule de cet Edit, dit : que les Rois fes prédéceffeurs ont fait plufieurs Ordonnances & Réglemens touchant l'Imprimerie & le commerce des Livres, que par ce moyen les impreffions faites en ce Royaume, ont été portées à un tel degré de perfection, qu'elles ont été eftimées & recherchées par-deffus toutes les autres, jufqu'au dernier temps que des perfonnes fans capacité & fans expérience ont été admifes à faire la profeffion d'Imprimeur & de Libraires, d'où il eft arrivé plufieurs grands défordres qui ont été préjudiciables à l'Etat, à quoi voulant remédier & rétablir la perfection de l'Imprimerie, fur-tout en fa bonne Ville de Paris, où les profeffions d'Imprimeurs & Libraires ont été fi floriffantes, & où le rétabliffement eft d'autant plus néceffaire, qu'il péut être utile à la Religion, & un des principaux moyens dont on puiffe fe fervir pour accroître, orner & conferver les Sciences & les Beaux-Arts. A ces caufes, &c.

Ainfi, Meffieurs, les motifs de cette loi font la perfection de l'Imprimerie dégénérée dans le Royaume par l'incapacité de ceux qui ont été reçus à la profeffion d'Imprimeurs & de Libraires. Le Commerce des Livres qu'il faut rétablir, l'utilité que la Religion peut retirer des Livres imprimés : enfin, l'accroiffement & la confervation des Sciences & des Beaux-Arts. C'eft dans cette vue que le Roi a divifé en quinze titres différens tout ce qui peut avoir rapport à l'Imprimerie; mais nous ne choifirons, dans tous ces titres, que ceux qui ont trait au Réglement de 1777. Nous en traiterons deux en particulier; le premier eft le titre 6, concernant la réception des Maîtres Imprimeurs & Libraires.

Le fecond, c'eft le titre 14, qui traite des priviléges & continuation d'iceux pour l'impreffion des Livres. Parcourons l'un & l'autre de ces deux titres :

Les deux premiers articles du titre 6 rappellent les qualités requifes & les formalités à obferver pour être reçu Maître Libraire ou Imprimeur. Ce font les mêmes conditions que celles qui avoient été prefcrites par les anciennes Ordonnances & Réglemens. Mais l'article 40 de

Lettres - Patente de François Ier, d 1541, 28 Décembr

l'Edit, qui eſt le ſecond du titre des Réceptions, impoſe au Récipien‑
daire une condition nouvelle.

A condition néanmoins, dit cet article, par l'aſpirant à la Maîtriſe,
de mettre ès‑mains du Syndic la ſomme de 300 liv. pour être em‑
ployée entiérement aux affaires de la Communauté, & dont le Syndic
ſera tenu de ſe charger dans ſon compte.

C'eſt pour la premiere fois, Meſſieurs, que nous trouvons dans les
Ordonnances & Réglemens une ſomme déterminée à payer par les aſpi‑
rans à la Maîtriſe. Celle de 300 liv. fixée par cet article, regarde les
Compagnons qui veulent ſe faire recevoir Maîtres.

L'article ſuivant concerne les fils de Maîtres qui ſeront reçus, & ils
ne doivent payer que la ſomme de 100 liv. ſeulement, toujours pour
les affaires de la Communauté.

L'article 42 regle ce qui ſera payé par les Compagnons qui épouſeront la
veuve ou la fille d'un Maître, & ils ne mettront entre les mains du Syndic
que la ſomme de 30 liv. toujours pour les affaires de la Communauté.

Voilà donc une gradation établie par cette Loi. Les apprentifs ſim‑
ples paient 300 liv., les fils de Maîtres 100 liv. & les Compagnons qui
épouſent la veuve ou la fille d'un Maître, ne doivent payer que 30 liv.
Cette diminution du droit de Maîtriſe paroît juſte & raiſonnable dans
ces trois cas, & elle eſt encore plus juſte à l'égard de celui qui épouſe
la veuve, parce que cette veuve avoit droit d'exercer la profeſſion en
cette qualité, &c.

Le titre des priviléges & continuation d'iceux, pour l'impreſſion des
Livres, ne contient que trois articles.

Le premier eſt ainſi conçu :

Défendons à tous Imprimeurs & Libraires de contrefaire les Livres
pour leſquels il aura été accordé des priviléges ou continuation de privi‑
léges, de vendre & débiter ceux qui ſeront contrefaits, ſous les peines
portées par leſdits priviléges, qui ne pourront être modérés ni dimi‑
nués par les Juges; & en cas de récidive, les contrevenans ſeront punis
corporellement & ſeront déchus de la Maîtriſe.

L'article ſuivant renouvelle la prohibition d'imprimer aucuns Livres
ſans permiſſion ; cet article s'exprime ainſi : Aucun Libraire ou Impri‑
meur ne pourra imprimer ou faire imprimer aucuns Livres ſans Lettres‑
Patentes ſignées & ſcellées du grand ſceau.....

Et ſera fait mention deſdites Lettres au commencement ou à la fin
deſdits Livres ; ne pourront être leſdits Livres imprimés qu'au lieu de
la réſidence des Libraires qui les auront obtenues, encore bien qu'ils
euſſent cédé & tranſporté le privilége, & en cas de contravention, leſ‑
dits Livres imprimés hors le lieu de la réſidence, pourront être impri‑
més, vendus & débités par tous autres Libraires, comme s'il n'y avoit point
de priviléges.

Enfin l'article 65 détermine les impreſſions qui pourront être faites
indifféremment par tous les Imprimeurs du Royaume, ſans obtenir de
Lettres de priviléges.

Telle eſt, Meſſieurs, la derniere Loi qui ait été promulguée ſur le
fait de la Librairie ; elle établit, comme vous l'avez vu, une ſorte de
nouveau droit. En premier lieu, elle fixe les ſommes qui ſeront payées

à

à chaque réception, & quelque-modiques que foient ces fommes, elles étoient jufqu'alors inconnues.

En fecond lieu, elle autorife les priviléges & continuations de privilé-ges, elle punit les contrefaçons par des amendes rigoureufes, & en cas de récidive, elle prononce une punition corporelle avec déchéance de la Maîtrife.

En troifieme lieu, elle renouvelle les défenfes d'imprimer aucuns Livres quelconques fans permiffion du grand fçeau, & cette permiffion doit fe trouver au commencement ou à la fin defdits Livres Im-primés.

En quatrieme lieu, elle veut, comme les anciens Réglemens l'or-donnoient, que les Livres foient imprimés au lieu de la réfidence des Libraires qui auront obtenu les priviléges, encore bien qu'ils euffent cédé & tranfporté ledit privilége ; ce qui, par conféquent, en autorife la ceffion & le tranfport, & nous obferverons à cet égard que c'eft là prémiere fois qu'il eft queftion dans les Réglemens de la Librairie de cef-fion & de tranfport.

Enfin, en cas de contravention, elle permet à tout Libraire d'imprimer comme s'il n'y avoit point eu de priviléges.

Cette Loi, Meffieurs, n'étoit donnée que pour les Libraires de Paris ; les Libraires de Lyon obtinrent de même un Réglement en 1695, enre-giftré en la Cour le 7 Février 1695 ; & les articles 58 & 59 de ce Ré-glement portent les mêmes défenfes d'imprimer aucuns Livres fans Lettres-Patentes du grand fceau, & des défenfes de contrefaire les Livres pour lefquels il auroit été accordé des Lettres de privilége & continuation de priviléges. Ces nouvelles Loix continrent pendant quel-que-temps les Libraires de Paris & ceux des Provinces ; mais il s'éleva bientôt de nouvelles difficultés, & on fut encore obligé d'avoir recours à l'autorité Royale.

Ces difficultés portoient principalement fur l'étendue des droits à payer ; elles furent levées par des Lettres-Patentes dreffées par M. de Ponchartrain, qui avoit fuccédé au Chancelier Boucherat ; elles ont été données à Fontainebleau le 2 Octobre 1701, & regiftrées en la Cour le 7 Janvier 1702.

Par l'article premier, il eft défendu à tous Libraires & Imprimeurs d'im-primer ou réimprimer aucun Livre fans permiffion du grand fceau.

Par l'article 2, il eft dit : qu'aucun Imprimeur ne pourra imprimer ou réimprimer aucuns Livrets fans avoir obtenu permiffion des Juges de Police des lieux, & fans une approbation de perfonne capable..... Sous le nom de Livrets, ne pourront être compris que les Ouvrages dont l'impreffion n'excédera pas la valeur de deux feuilles en caractere dit *Cicéro*.

L'article 3 fixe les fommes qui feront payées pour obtenir des Let-tres ; il porte : quand les permiffions portées par Lettres fcellées du grand fceau contiendront un privilége général & défenfe à tous autres, il fera payé, pour lefdites Lettres, les fommes accoutumées & portées par les tarifs des droits de fceau ; & en vertu defdites Lettres, ils pour-ront s'affocier pour l'impreffion & débit des Ouvrages, tels autres Im-primeurs demeurans dans le Royaume qu'il leur plaira choifir, nonobf-

I

tant toutes difpofitions précédentes à ce contraires, auquel nous avons dé-
rogé à cet égard.

L'article 4 ajoute : que fi les Lettres ne portent qu'un privilége local,
il fera payé le tiers defdites fommes.

L'article 5 va plus loin : fi lefdites permiffions ne contiennent aucuns
priviléges ou défenfes, il ne fera payé, pour lefdites Lettres, que la
fomme de 5 liv. pour tout droit général, & y compris le parchemin &
l'écriture.

Enfin, l'article 6 prononce qu'aucuns Livres ou Livrets ne pourront
être imprimés fans y inférer la copie entiere, tant de la permiffion que
de l'approbation.

Ces Lettres-Patentes ont été enregiftrées en la Cour, & copies colla-
tionnées en a été envoyée aux Bailliages & Sénéchauffées du reffort, pour
y être lues, publiées & regiftrées.

Ces nouvelles Lettres-Patentes, en fixant, comme vous l'avez vu, le
tarif des permiffions, établiffoient encore un droit jufqu'alors inconnu
dans tous les Réglemens. Ces droits étant fixés par le tarif du fceau, nous
ignorons à combien fe monte le tarif ; mais les fommes doivent être
modiques, puifque, pour une permiffion fimple, il ne devoit être payé
que 5 liv. pour tous droits, y compris le parchemin & l'écriture ; ces
Lettres-Patentes établiffent encore une nouvelle faculté. C'eft celle donnée à tout Imprimeur qui aura obtenu des Lettres de s'affocier pour l'impreffion & le débit des Ouvrages, tel Imprimeur & Libraire qu'il ju-
geroit à propos ; & en cela, elles dérogent expreffément aux anciens
Réglemens, qui vouloient que les Ouvrages fuffent imprimés dans le
lieu du domicile du Libraire qui avoit obtenu le privilége.

Ces Lettres-Patentes enlevoient en outre aux Juges de Provinces la faculté de donner des permiffions pour les Auteurs anciens ou pour ceux
dont les priviléges étoient expirés.

Les Libraires de Lyon firent à ce fujet les plus vives repréfentations ;
ils reçurent une réponfe de M. de Ponchartrain ; elle contenoit que les
Libraires des autres Villes du Royaume ne s'étoient pas plaints de cet
Arrêt de Réglement ; que bien loin de produire la diminution du Commerce, il ne pouvoit que contribuer à le rendre plus floriffant, puifqu'il
avoit pour objet d'empêcher toutes les malverfations ; ainfi, écrivoit
M. le Chancelier, vous n'avez point à vous plaindre de cet Arrêt, pendant que tous les autres reconnoiffent qu'il leur eft avantageux ; il faudroit au moins, pour vous faire écouter favorablement, que vous vous
diftinguaffiez par une régularité finguliere dans l'exécution de tous les
anciens Réglemens, dont vous ne vous plaignez pas ; mais bien loin de
cela, il n'y a pas de Ville dans le Royaume où on les viole plus impunément, & où l'on commette plus de contraventions que dans la
vôtre ; j'en reçois tous les jours de nouvelles plaintes que vous ne pou-
vez ignorer. Travaillez à réparer fur cela votre réputation, corrigez-
vous des déréglemens qui fe font gliffés parmi vous dans ce genre ; &
quand vous aurez rétabli la regle & le bon ordre, & que j'aurai lieu
d'être content de vous là-deffus, je modérerai quelque chofe en votre
faveur de la rigueur de la Loi, & je trouverai moyen de vous donner
fatisfaction. Cette lettre, Meffieurs, eft du 6 Décembre 1702 ; elle

fembloit annoncer un nouveau Réglement ; il étoit réfervé à M. d'A-
gueſſeau de préparer cette Loi nouvelle. Elle fut long-temps méditée, &
parut enfin en 1723.

Ce Réglement peut être regardé comme le Code entier de la Librairie.
On y a rappellé les décifions éparſes dans les anciennes Ordonnances, &
il réunit tout ce qui avoit été preſcrit par les anciens Réglemens. Nous
allons entrer dans le détail des différentes diſpofitions que ce Réglement
renferme.

Dans le préambule, le Roi dit : « Que s'étant fait repréſenter ſa Décla-
» ration du 10 Décembre 1720, contenant Réglement pour la Librairie
» & Imprimerie de Paris » (nous n'avons point rendu compte de cette
Déclaration, parce qu'elle n'a jamais été publique, comme vous allez
le voir). « Le Roi étant informé qu'encore que ce Réglement (de 1720)
» eut été compoſé avec un grand ſoin ; cependant lorſqu'il fut porté à ſon
» Parlement pour y être enregiſtré, il s'y trouva matiere à pluſieurs obſer-
» vations qui ont paru judicieuſes, & mériter qu'il fût apporté quelques
» changemens à un grand nombre d'articles ; que d'ailleurs, de nouveaux
» abus ſe ſont introduits ; qu'il faut y remédier, & prévenir ceux qui
» pourroient s'introduire à l'avenir. Sa Majeſté auroit donc jugé à propos
» de retirer ſa Déclaration, & de faire travailler à la réformation dudit
» Réglement, lequel ayant été de nouveau apporté & approuvé, il ne reſte
» plus qu'à le revêtir de ſon autorité, pour lui donner une pleine exé-
» cution ».

Après cet expoſé, le Réglement contient 123 articles, renfermés dans
16 titres. Nous ne vous rendrons compte, Meſſieurs, que du titre 6,
qui concerne les réceptions, & du titre 15, qui traite des priviléges &
continuations de priviléges.

Commençons par les réceptions (1).

L'article 45 fixe le prix pour un Aſpirant à la Librairie à la ſomme
de 1000 liv. ; & s'il vient enſuite à ſe faire recevoir à la maîtriſe de l'Imprimerie, il payera en outre la ſomme de 500 liv. ; & celui qui ſe fera
recevoir tout-à-la-fois Imprimeur & Libraire payera la ſomme de 1500 liv.,
laquelle ſera employée aux affaires de la Communauté ; & en cette ſomme
ne ſont point compris les jettons qu'on donne pour droits de préſence aux
Syndic & Adjoints, & à chaque ancien.

Les Fils de Maître ſont traités plus favorablement : ils ne ſont tenus
de payer pour la réception à la Librairie que 600 liv ; & s'ils ſont admis

---

(1) Le Parlement, par ſon Arrêt du 26 Mai 1615, avoit aſtreint les Apprentifs à
payer 20 liv. pour les affaires de la Communauté quand ils ſe feroient recevoir Maîtres.
Les fils de Maîtres n'étoient ſujets à aucune contribution.

Par le Réglement de 1618, art. 6, les Compagnons payoient 60 liv.

Par le Réglement de 1649, art. 8, les Compagnons payoient 300 liv.

Par celui de 1686, les fils de Maîtres, 100 liv. ; les gendres, comme ceux qui épouſeront des Veuves, 30 liv. ; les Compagnons 300 liv.

Par la Déclaration du 11 Septembre 1703, regiſtrée au Parlement le 6 Octobre, la
réception des Compagnons eſt portée à 600 liv.

Par la Déclaration du 23 Octobre 1713, les gendres & ceux qui épouſeront des
Veuves, payeront 100 livres, comme les fils de Maîtres.

par la fuite à la maîtrife d'Imprimerie , ils payent en outre 300 liv. , ou ces deux fommes réunies , c'eft-à-dire , 900 liv. , s'ils fe font recevoir en même-temps Libraire & Imprimeur.

Les Compagnons qui , après avoir fini leur apprentiffage , époufent la Fille ou la Veuve d'un Maître , doivent payer la même fomme que les Fils de Maître , & dans la même progreffion , à la charge , par les Fils & les Gendres de Maîtres , d'obferver les formalités prefcrites pour leurs réceptions.

Le titre 15 , concernant les priviléges & continuations de priviléges , eft beaucoup plus étendu , & comprend 12 articles , dont voici l'analyfe.

L'article 101 , qui eft le premier de ce titre , fait défenfes d'imprimer aucuns Livres fans permiffion du grand Sceau.

L'article 102 renouvelle les défenfes d'imprimer aucunes feuilles volantes & fugitives fans permiffion du Lieutenant-Général de Police , ou fans approbation.

L'article 103 porte , qu'aucuns Livres ou Livrets ne pourront être imprimés fans y inférer des copies entieres , tant des priviléges & permiffions , que de l'approbation.

L'article 104 ordonne , que toutes les parties des Ouvrages feront approuvées ; que l'impreffion fera conforme à la copie , & qu'à cet effet , le manufcrit ou exemplaire fera remis à M. le Chancelier , ou à M. le Garde des Sceaux.

L'article 105 prononce l'exécution des quatre articles précédens , à peine de déchéance des droits portés par les priviléges , & d'être procédé contre les contrevenans par confifcation d'exemplaires , amende , clôture de boutique , & autres plus grandes peines , s'il y échoit.

L'article 106 , que les priviléges ou ceffions de priviléges foient enregiftrés tout au long fur le Regiftre de la Communauté , dans les trois mois du jour de l'obtention défdites Lettres , ou de ceffion d'icelles , à peine de nullité. Le même article ordonne le même enregiftrement des permiffions accordées pour l'impreffion des Livrets , & fous les mêmes peines. Il veut en outre que les Regiftres de la Communauté foient communiqués à toute réquifition ; au moyen de quoi , eft-il ajouté , lefdits priviléges & permiffions feront cenfés avoir été fuffifamment fignifiés.

L'article 107 fait défenfes d'imprimer hors du Royaume , à peine de confifcation & de 1500 liv. d'amende , applicable , moitié à l'Hôtel-Dieu , moitié à la Communauté.

L'article 108 porte , que tous les Libraires , Graveurs , & autres perfonnes , feront tenus de fournir huit exemplaires de Livres , Feuilles ou Eftampes dont ils auront obtenu le privilége ; favoir , trois exemplaires à la Communauté , deux au Garde de la Bibliothéque du Roi , un au Garde du Cabinet du Château du Louvre , un à la Bibliothéque de M. le Chancelier ou Garde des Sceaux , & un au Cenfeur qui aura examiné le Livre ; le tout à peine de nullité des priviléges , de confifcation des exemplaires , & de 1500 liv. d'amende (1).

---

(1) M. le Directeur de la Librairie fur une de ces permiffions que les nouveaux Arrêts l'autorifent de donner , a mis , *à la charge d'en donner un feul exemplaire à la*

Nous obferverons à ce fujet, qu'il nous eft échappé, dans le compte que nous avons eu l'honneur de vous rendre des anciens Edits, que Louis XIII fut le premier qui, dans fon Edit du mois d'Août 1617, ordonna qu'aucun privilége ne feroit expédié qu'à la charge de remettre deux exemplaires dans fa Bibliothéque publique.

L'article 109 défend de contrefaire les Livres pour lefquels il aura été accordé des priviléges ou continuations de priviléges, fous les peines portées par iceux, lefquelles ne pourront être modérées; & en cas de récidive, les contrevenans feront punis corporellement, & déchus de la maîtrife.

L'article 110 déclare, qu'il n'y aura pas befoin de privilége pour l'impreffion des Factums, Mémoires, Requêtes, Billets d'enterremens, Pardons, Indulgences, Monitoires; & feront, lefdits Ouvrages, imprimés indifféremment par les Imprimeurs dont les Particuliers voudront fe fervir. Le même article ajoute les Ufages propres à chaque Diocèfe, que les Imprimeurs pourront imprimer, fur les priviléges fpéciaux qui auront été obtenus par les Evêques.

Par l'article 111, le Roi ordonne qu'aucun *Factum*, Requête ou Mémoire, ne pourra être imprimé que fur la fignature d'un Avocat infcrit fur le Tableau, ou d'un Procureur. Il décide de même que les Arrêts des Cours ne pourront être imprimés fans permiffion particuliere defdites Cours, obtenue par Arrêt fur Requête, à peine de 100 liv. d'amende pour la premiere fois, & de fufpenfion en cas de récidive. Il en exempte cependant les Arrêts de réglement, & ceux qui concernent l'ordre & la difcipline publique, qui doivent être imprimés par les foins de fes Procureurs Généraux, comme auffi les Arrêts d'ordre & d'homologation de contrats deftinés à être fignifiés aux Parties.

Enfin par l'article 112, le Roi défend d'imprimer aucunes Cartes de Géographie, & autres planches ni explications étant au bas d'icelles fans Privilége du grand fceau ou permiffion du Lieutenant Général de Police qui feront infcrits fur le Livre de la Communauté des Libraires.

Telle eft, Meffieurs, l'analyfe du réglement de 1723, & vous voyez qu'il eft, pour ainfi dire, le réfumé de toutes les Ordonnances qui ont été publiées dans cette troifiéme époque. C'eft un tableau racourci de toutes les difpofitions, de tous-les anciens réglemens, il les réunit toutes, & on y voit d'un coup d'œil les loix des deux fiécles.

Ce réglement n'avoit été dans le principe que pour la feule ville de Paris, il étoir néanmoins deftiné à devenir la regle uniforme de la Librairie dans tout le Royaume. Il fut publié au fceau par M. d'Armenonville en 1723. Mais il n'en eft pas moins l'ouvrage de M. le Chancelier d'Agueffeau; auffi a-t-il cru en devoir faire un réglement général, & par Arrêt du Confeil du 24 Mars 1744, il a été déclaré commun à toutes les autres Villes du Royaume.

Bibliotheque du Roi. [Il eft queftion des Œuvres de Gæffner que l'on réimprime]. L'Editeur vient d'envoyer cet Exemplaire à la Chambre Syndicale qui a refufé de le recevoir, parce qu'elle ne connoît aucune loi qui autorife cette réduction.

Le Réglement de 1723 en devenant ainsi la loi universelle de la Librairie, devoit en quelque sorte remédier à tous les abus, il s'éleva néanmoins de nouvelles difficultés, ou plutôt c'étoit toujours les mêmes qu'on renouvelloit, tantôt sous une forme, tantôt sous une autre, jusqu'à ce qu'enfin, pour prévenir ces désordres sans cesse renaissants, on demanda l'avis du Corps de la Librairie (1). Nous en trouvons trois, à trois époques différentes, & tous relatifs aux mêmes inconvéniens. Les deux premiers ont pour objet de ne pouvoir imprimer aucun ouvrage dont on ne put repréfenter le Privilége ou la Permiffion. Ils font des 14 & 28 Mai 1771.

Le troifiéme eft du 3 Mars 1773, & la Librairie demandoit qu'il fût fait défenfe de mettre fous preffe aucun livre fous la fimple approbation du Cenfeur avant d'avoir obtenu la permiffion d'imprimer.

Nous ignorons s'il eft intervenu quelque réglement fur ces défenfes demandées par le Corps de la Librairie; cependant rien ne paroiffoit plus jufte, & elles font la conféquence de toutes les Ordonnances & des Réglemens antérieurs.

Tels ont été, Meffieurs, les principes de l'adminiftration, depuis Etienne d'Aligre premier du nom, Chancelier de France, au moment de l'établiffement de l'Imprimerie, jufqu'au Chancelier de Lamoignon dernier décédé; & M. de Malesherbes premier Préfident de la Cour des Aides, devenu depuis Miniftre, chargé par M. de Lamoignon fon pere de veiller à la manutention de la Librairie dans tout le Royaume, s'étoit fait une loi de marcher fur les traces de M. d'Agueffeau, & de maintenir l'exécution du Réglement de 1723.

Tant que la direction de la Librairie a été entre les mains de ce Magiftrat éclairé, il a cru devoir s'attacher principalement à faire fleurir cette partie de l'adminiftration, fi intéreffante pour la Religion & pour l'Etat.

En confultant les intérêts du commerce, foit relativement à l'intérieur du Royaume, foit relativement aux Etrangers, il a refpecté la légiflation qu'il a trouvé établie. Il fe propofoit, il eft vrai, d'y faire apporter quelque changement, mais la retraite d'un pere affoibli par l'âge ne lui a pas permis de mettre ce projet à exécution. Tant qu'il a été chargé de la Librairie, on n'a rien innové au Réglement de 1723, étendu à tout le Royaume en 1744, & les Lettres-Patentes de 1702, enregiftrées en la Cour & envoyées à tous les Bailliages & Sénéchauffées du Reffort, ont continué à fervir de tarif pour les droits du Sceau, fur l'obtention des priviléges ou des fimples permiffions.

Il étoit réfervé à M. le Chancelier de Maupeou de mettre les fruits de l'efprit humain à contribution; les droits du Sceau avoient été jufque-là très-modiques. D'après l'article V des Lettres-Patentes de 1702,

---

(1) Ou la Librairie donne des avis fur les objets qui lui font propofés, ou elle en envoye dans le Corps de la Librairie, d'après les ordres de la Chancellerie. Ceux dont il eft queftion ici font de cette derniere efpece.

il ne devoit être payé, pour les priviléges, que les droits ordinaires du Sceau, de même pour une simple permission il n'étoit dû que 5 liv. pour tous droits, y compris le parchemin & l'écriture. Cependant, par un Arrêt du Conseil du 16 Mai 1773, il a été fixé différens droits nouveaux sur la faculté d'imprimer. Cet Arrêt impose 40 liv. de marc d'or sur les priviléges, & 12 liv. sur les permissions, ce qui fait une augmentation de plus du double sur ce dernier objet (1).

Ici finit le compte que vous nous avez demandé, & pour vous représenter le résultat de tout ce que nous venons d'avoir l'honneur de vous exposer, vous avez vu comment s'est établi insensiblement d'abord l'usage des permissions, ensuite la nécessité des priviléges. Dans le principe tout étoit libre, dans la suite on en a usé à l'égard des Imprimés, comme à l'égard des Manuscrits, & l'Imprimé en effet n'est qu'une espece de copie plus facile & plus prompte. Il étoit loisible à chacun de copier les Manuscrits; il fut de même permis de les imprimer, mais il faut en convenir, il n'y eut, lors de l'invention de l'Imprimerie, & , pour ainsi dire, dans le siecle qui a suivi cette découverte, que les Livres Saints, les Œuvres des *Saints Peres*, ou les Ouvrages de l'antiquité païenne, que l'on cherchât à multiplier par la voie de l'impression. C'est à cette facilité de multiplier les Ecrits, que les siecles suivans ont été redevables des connoissances les plus étendues, soit en matiere de Religion, soit dans toutes les Sciences. En un mot, c'est à l'Art de la Typographie que nous devons la renaissance des Lettres.

Les Livres imprimés furent assujettis à la même inspection que les Manuscrits; les uns & les autres ne purent se publier qu'après avoir été examinés par la Faculté de Théologie, ou par la Faculté des Sciences & des Arts, suivant la nature & l'objet de l'Ouvrage que l'on vouloit donner au Public. L'Université seule eut inspection sur les Libraires & les Imprimeurs, comme elle l'avoit eue sur les Libraires lorsqu'ils n'étoient que de simples Copistes ou des marchands de Manuscrits. Il ne faut pas cependant s'y tromper; les premiers Imprimeurs étoient si ignorans, qu'on ne vouloit pas d'un Livre imprimé; les premieres éditions sont chargées d'une infinité de bévues incroyables. Les Imprimeurs étoient, il est vrai, dirigés par des Savans, & malgré cela ils estropioient sous la presse les Manuscrits qui leur étoient confiés. Ce n'a été que sur la fin du XVe siecle qu'il y a eu des Imprimeurs plus instruits, mais ils ont été très-rares. George Merula d'Alexandrie, a fait en 1472 une Diatribe contre l'ignorance des Libraires, Imprimeurs & Correcteurs d'Imprimerie de son temps. Peu-à-peu les Sciences s'introduisirent dans ces laboratoires de l'Imprimerie. Dans cette seconde époque, les Imprimeurs ne furent plus de simples Ouvriers; on les compta eux - mêmes au nombre des Savans; c'est par leurs soins que les Auteurs les plus précieux de l'antiquité ont été restitués à la lumiere, & dépouillés de la rouille qu'ils avoient contractée dans la poussiere des cloîtres où ils ont

---

(1) Une Déclaration du 26 Décembre 1774 a supprimé ce droit sous M. de Miromenil.

été long-temps enfévelis ; c'eft à leurs connoiffances qu'on doit la correction d'une partie des fautes énormes qui altéroient les meilleurs Manufcrits par l'ignorance du grand nombre de Copiftes. La facilité que donna l'impreffion fit bientôt naître des abus, on défendit d'abord d'imprimer ce qu'un autre avoit déja imprimé ; on défendit enfuite d'imprimer fans en avoir obtenu la permiffion ; on obtenoit cette permiffion, ou des Cours Supérieures du Royaume, ou des Juges du lieu ; elle s'accordoit indiftinctement à tous les Libraires qui la demandoient ; delà eft née la concurrence, parce qu'on ignoroit dans un lieu ce qui avoit été permis d'imprimer dans un autre, & cette concurrence néceffita plus d'une fois la ruine de ceux qui avoient entrepris en différens lieux l'édition des mêmes Ouvrages.

Pour prévenir ce nouvel inconvénient, on imagina d'obtenir ce qu'on a depuis appellé des priviléges, il y en eut de généraux, il y en eut de particuliers, il y en eut même de locaux. Le Roi fe réferva d'accorder ces fortes de Lettres, elles portoient en même-temps permiffion d'imprimer, & défenfes à tous autres d'imprimer. Ces priviléges étoient limités, on leur donnoit plus ou moins d'étendue fuivant l'importance de l'entreprife : mais cette limitation donnoit-elle le droit à tout Imprimeur & Libraire d'imprimer le Livre qu'un autre avoit déja imprimé, à l'expiration du privilége que le premier avoit obtenu ?

Le renouvellement ou la continuation étoit-elle un abus ? Cette queftion s'éleva vers la fin du feizieme fiecle. La Jurifprudence varia fur cet objet ; d'un côté l'adminiftration accordoit des continuations de privilége ; de l'autre, les Tribunaux les profcrivoient, on faifoit des défenfes générales d'en obtenir, & on laiffoit jouir ceux qui en avoient obtenu : cette variation, dans la Jurifprudence, conduifoit à penfer qu'il falloit diftinguer entre les Ouvrages des Anciens & les Ouvrages des Modernes. On ne s'étoit, pour ainfi dire, point encore occupé du droit des Auteurs, & leurs propriétés n'avoient pas même été mifes en problême. Peut-être les Auteurs eux-mêmes ne s'étoient-ils point imaginé de réclamer cette propriété. Les uns fe contentoient de mettre au jour leurs productions, en abandonnant le profit à l'Imprimeur ; les autres étoient fatisfaits du prix qu'ils avoient reçu de leur Manufcrit, & nous ne trouvons aucune Ordonnance, aucun Arrêt, aucun Jugement, en un mot, aucune loi dans laquelle la propriété des Auteurs ait été ou reconnue, ou conteftée. Il n'étoit queftion que de l'Imprimerie en elle-même. On prononça d'abord fur la liberté de l'impreffion en général, enfuite on prononça fur la liberté de l'impreffion des Livres lorfqu'ils avoient été déja imprimés. On défendit enfin la continuation des priviléges. Cette liberté & cette défenfe générale devoit-elle s'appliquer à toute efpece d'Ouvrage ? Il eft au moins vraifemblable que cette liberté & cette défenfe ne pouvoient avoir d'application que fur la continuation du privilége des Ouvrages de l'antiquité, ou de ceux dont les Auteurs étoient entierement inconnus. Quand le terme de la durée d'un privilége étoit expiré, le Livre devenoit commun, parce qu'il étoit commun avant l'obtention du privilége. La grace n'avoit fait que fufpendre la liberté générale ; mais cette liberté, en elle-même, ne pouvoit être reclamée pour un Ouvrage nouveau ; il n'avoit jamais été commun,

mun,

mun, & aucun privilége n'a porté, qu'à fon expiration le Livre deviendroit commun à toute la Librairie; d'ailleurs, il parut fi peu d'Ouvrages créés dans le quinzieme & le feizieme fiecle, qu'il ne faut pas être furpris fi les Auteurs eux-mêmes n'ont pas reclamé, & la plupart des Ecrits qui s'imprimerent à cette époque méritoient à peine l'attention du Gouvernement, fi l'on en excepte cette multitude d'Ecrits qui doivent leur célébrité aux erreurs du temps & à la divifion des efprits.

Dans le dix-feptiéme fiecle on fut plus indulgent ou plus éclairé. On commençoit à fentir le droit de propriété des Auteurs, on le reconnut quelquefois, fur tout lorfqu'ils le reclamerent; mais l'adminiftration, fans parler de cette propriété, fut toujours occupée du foin de concilier le droit naturel avec la liberté indéfinie que les Libraires de Province ne cefferent de reclamer.

Enfin les continuations de privilége furent entiérement adoptées, elles furent confacrées par les loix publiques, mais néanmoins de maniere à les laiffer toujours entre les mains de la puiffance Royale. On feroit tenté de croire que l'on n'ofa prononcer d'une façon décifive fur la liberté de l'impreffion entre les Auteurs anciens & les Auteurs modernes, & la légiflation fe tint, pour ainfi dire, à côté de la queftion. C'eft néanmoins dans cette diftinction des Auteurs anciens & des Auteurs modernes que réfide toute la difficulté (1).

D'un côté, on prétend que la limitation de la durée du privilége ne peut être appliquée qu'aux Auteurs anciens, dont les ouvrages exiftoient en manufcrit avant l'invention de l'Imprimerie, ou aux ouvrages imprimés depuis cette époque, & dont les Auteurs n'exiftent plus, & font inconnus, ou enfin aux ouvrages imprimés en pays étranger, & réimprimés dans le Royaume. Tous les manufcrits (*anciens*) devoient refter & reftent encore en commun jufqu'à ce qu'un Littérateur François y eut fait ou y faffe aujourd'hui des notes ou un commentaire. Le texte original de l'ouvrage en lui-même, les manufcrits répandus alors entre les mains de différentes perfonnes formoient & formeront toujours le fond de la Librairie du Royaume. On accordoit, on accordera, & on doit accorder des permiffions exclufives aux annotateurs; mais pour cela, on ne doit pas défendre aux Imprimeurs de réimprimer les anciennes éditions : le texte des anciens Auteurs Grecs & Romains, ainfi que celui des Auteurs, tant François qu'étrangers (2), peut fe vendre fans commentaire comme avec un commentaire, c'eft concilier le droit commun avec le droit naturel de chaque particulier.

D'un autre côté, on foutient que la diftinction d'ouvrages anciens & d'ouvrages modernes ceffe, lorfqu'une fois le manufcrit a été impri-

---

(1) Elle paroît décidée dans ce qui eft dit plus haut des Œuvres de S. François-de-Sales, p. 56.

(2) Il n'y a aucun inconvénient d'accorder cette permiffion aux *Annotateurs*, pour les ouvrages de l'antiquité qui font cenfés communs; mais fi on l'accorde pour les livres modernes, c'eft ôter aux Auteurs ou à leurs repréfentans tout l'avantage qu'ils ont droit d'efpérer du privilége d'imprimer le texte. Il fuffira à un Littérateur de jetter quelques notes fur le papier pour s'emparer du texte.

K.

mé ; que la faculté d'imprimer tout Livre, foit ancien, foit nouveau à l'expiration du privilége devient libre, par l'effet même de ce privi-lége, puifqu'il n'eft accordé que pour empêcher la concurrence pendant la durée de la grace, il n'y a plus, pour ainfi dire, de manufcrit, & la propriété s'évanouit dès que l'ouvrage eft répandu dans le public, & multiplié par les copies qui s'en débitent. Ce manufcrit devient par l'im-preffion un effet commun, & tous les Libraires ont un droit égal de le réimprimer. Il ne peut y avoir de propriétaire unique d'une chofe devenue publique, & le privilége feul peut établir alors une forte de propriété (1).

Voilà, Meffieurs, l'une & l'autre queftion, & les moyens qu'on em-ploie de part & d'autre pour la défendre. Auquel de ces deux fentimens donner la préférence ? Elle eft due, fans doute, à celui qui eft fondé en même-temps & fur le droit naturel & fur le droit national ; mais fi le droit naturel milite en faveur de la propriété, l'avantage national exige qu'on facilite le commerce en détruifant les entraves dont il eft plus ou moins embarraffé.

Nous avons rempli la tache qui nous étoit impofée, nous avons mon-tré de fiecle en fiecle la gradation des Réglemens pour réunir, fous un même point de vue, tout ce qui a été dit fur cette matiere. Il ne nous refte plus qu'à placer fous vos yeux, mais en abregé, les diffé-rences effentielles entre les nouveaux Réglemens & les anciens.

Le premier des Arrêts du Confeil, dont nous avons eu l'honneur de vous rendre compte, concerne la difcipline des Garçons Imprimeurs, le Réglement les affujettit à des formalités jufqu'alors inufitées, telles entr'autres que de porter toujours dans leurs poches un cartouche de parchemin, timbré du Sceau de la Chambre Syndicale, à-peu-près comme les foldats qui ont obtenu leur congé. Il fixe des droits pour obtenir ce cartouche, en fixe de nouveaux à chaque mutation de Maître, ou en cas de perte de ce parchemin. Ces droits ont été jufqu'à préfent incon-nus : c'eft une efpece d'impôt établi par ce Réglement, dont le produit doit être divifé & réparti entre les anciens Compagnons hors d'état de fer-vice, ou que la maladie aura privé du produit d'un travail auquel ils n'auront pu fe livrer. Vous avez vu en même-temps qu'il établit une forte d'inquifition dans tout le Corps de la Librairie, puifque chaque Maître eft affujetti à configner dans les Regiftres de la Chambre Syndicale les fujets de plainte qu'il peut avoir contre chacun de fes Ouvriers, & que le réfultat de cette inquifition doit être envoyé à toutes les Cham-bres Syndicales du Royaume. Ces difpofitions font abfolument nou-

---

(1) Rendre une chofe publique, c'eft donner au Public la facilité d'en faire ufage : or quel eft l'ufage d'un livre, c'eft affurément d'inftruire & non de donner à un Libraire ou à un Imprimeur la faculté de s'enrichir, en multipliant les copies de l'ouvrage aux dépens de l'auteur ou de fon ceffionnaire. S'il exifte un moyen de tirer profit d'un ouvrage, à qui de l'Auteur ou d'un étranger, le profit doit-il paffer ? Il n'eft perfonne qui puiffe héfiter de fe déclarer pour l'Auteur, dès lors le droit de l'Auteur eft conftant. Si l'Auteur a droit, on ne peut le lui enlever fans injuftice ; par conféquent la publicité de l'ouvrage ne donne au public que la facilité de s'inf-truire & non celle de s'enrichir aux dépens de l'Auteur.

velles, il n'en exifte aucune trace dans les anciens Réglemens; mais ce n'eft point la nouveauté qui doit les faire paroître extraordinaires, c'eft l'abus qui en peut réfulter : il réfulteroit de celui-ci de fi grands inconvéniens, qu'il paroît avoir été jufqu'à ce jour dans une efpece d'oubli, & d'après le fimple expofé que nous en avons fait, on ne peut pas être étonné de fon inexécution.

Le fecond Arrêt du Confeil établit deux ventes publiques chaque année dans la Chambre Syndicale de Paris, pour mettre tous les Libraires du Royaume à portée de faire l'acquifition des fonds de Librairie qui feront expofés en vente, même les priviléges ou portions de priviléges dont les Propriétaires voudront fe défaire ; à quoi il faut ajouter que les Etrangers font admis concurremment avec les Regnicoles à acquérir les fonds de Librairie feulement.

Ce Réglement eft encore tout nouveau, nous ne trouvons rien de femblable dans les anciens; mais qu'importe ? La nouveauté d'un Réglement n'en vicie pas la nature; il fuffit, pour l'adopter, qu'il ait quelque rapport avec l'utilité publique. Sous cet afpect, il paroît qu'il eft difficile de fe promettre un véritable fuccès de ces ventes publiques, parce que le Libraire qui voudra fe défaire de fon fonds, ou l'Imprimeur de fon privilége, n'aura peut-être pas de confiance au dernier Enchériffeur, fur-tout fi c'eft un Etranger qui fe faffe adjuger le fonds qui aura été expofé en vente. Il y aura encore plus de difficulté & des inconvéniens plus réels s'il s'agit de fonds appartenans à des mineurs ; on a bien de la peine à fe perfuader que des fonds, fouvent immenfes, puiffent s'acheter argent comptant; toute perfonne fenfée ne vend à crédit qu'à celui dont elle connoît les facultés, ou en qui elle a pleine confiance. Qu'importe, dira-t-on, encore à la légiflation ? Cela ne regarde que le vendeur & l'acheteur. Mais fi les tuteurs font tenus de vendre le bien de leurs mineurs dans ces ventes publiques, où fera la fûreté du patrimoine de ces mineurs ? & quelle garantie ne pourront-ils pas exercer un jour contre un tuteur qui fe fera conformé aux Réglemens ?

Le troifieme Arrêt du Confeil concerne les réceptions des Libraires & Imprimeurs pour l'avenir. Le nouveau tarif des réceptions augmente de près d'un tiers les derniers droits fixés pour la réception des fils de Maîtres, des Gendres & des Apprentifs ; & ce tarif, qui n'eft qu'annoncé dans l'Arrêt, a depuis été envoyé fans aucune formalité à la Chambre Syndicale.

A la feule infpection on apperçoit une différence confidérable entre les nouveaux droits & les droits anciens. Dans le principe, les droits anciens étoient très-modiques. Ils ont été augmentés par le Réglement de 1723 ; ils ont été portés, pour les Fils de Maîtres & les Gendres de Maîtres, ou ceux qui épouferoient une veuve, à la fomme de 900 liv. & pour les apprentifs à la fomme de 1500 liv., non compris les droits qui fe paient au Syndic & Anciens pour droit de préfence à la réception; les différentes fommes doivent être employées aux frais de la Communauté.

Le nouveau Réglement ajoute de nouveaux droits en fus de ceux portés par le Réglement de 1723, & cette augmentation eft telle que pour les fils de Maître, gendres de Maître, & ceux qui époufent une veuve , ils font portés, à l'égard des Libraires & Imprimeurs de Paris , à la fomme de 2000 liv. & pour les apprentifs , à la fomme de 3000 liv. , y compris néanmoins les droits de préfence à la réception.

Vous vous rappellez, Meffieurs, que le Réglement de 1723 a été déclaré commun par tout le Royaume, par un Arrêt du Confeil de 1744 ; par conféquent les Libraires & Imprimeurs de Province payoient pour leurs réceptions autant que les Libraires & Imprimeurs de Paris (1). C'étoit une inattention. Et n'y avoit-il pas une efpece d'injuftice , puifque les profits de la Librairie en Province ne peuvent être comparés à ceux de la Librairie de Paris ? & dans le fait , un Libraire de Province ne peut jamais fe flatter d'obtenir une correfpondance auffi étendue dans toute l'Europe qu'un Libraire de Paris (2). La plupart des Savans ou des gens de Lettres viennent ordinairement faire imprimer leurs Ouvrages à Paris. Il eft naturel que les Etrangers aient plus de confiance en la Librairie de Paris , qu'en celle de Province.

Ces motifs ont fans doute prévalu , & nous trouvons dans le nouveau tarif une diminution confidérable pour les droits des réceptions dans la Province (3). On a divifé les Villes en trois claffes. Dans la premiere, les fils & gendres de Maîtres paient 1200 liv. , & les apprentifs 1800 liv. Dans la feconde , les fils & gendres de Maîtres paient 600 liv. , & les apprentifs 900 liv. Et dans la troifieme , qui comprend généralement toutes les Villes , autres que celles fpécifiées dans les deux premieres claffes, où il y a des Libraires & des Imprimeurs , les fils & gendres de Maîtres paient 300 liv. , & les apprentifs 450 liv. Enforte que s'il y a une augmentation pour la Capitale , il y a une diminution pour tout le refte du Royaume. Mais il réfulte auffi de cette diminution, que celui qui payera 3000 liv. pour être à la fois Imprimeur & Libraire à Paris , ne fera pas plus privilégié que celui qui paiera 450 liv. pour exercer la Librairie & l'Imprimerie dans la derniere petite Ville de Province , où aux termes de l'Edit de Louis XIII,

---

(1) Si les Libraires de Province ont avancé ce fait dans leur Mémoire, il font dans l'erreur. A la vérité les Libraires de Province auroient dû payer autant que ceux de Paris pour leur réception , fi le prix fixé eût été un droit Royal, mais il ne l'étoit pas. Le prix des réceptions à Paris a varié en différens temps, fuivant les befoins de la Communauté , auxquels il a toujours été appliqué. Mais comme les Libraires des Villes de Province ne font pas partie de la Communauté des Libraires de Paris , ceux qui s'y faifoient recevoir Libraires ne payoient rien pour leur réception. On y fuivoit le Réglement de 1723, feulement pour les qualités requifes au Récipiendaire ; & pour le furplus , ils jouiffoient de la franchife dont nos Rois ont toujours voulu honorer l'art de la Librairie & Imprimerie.

(2) Les Libraires de Province ne favent que trop étendre leur commerce , que la fituation des lieux fembloit circonfcrire , en imprimant les Livres de Paris , & les donnant à meilleur marché , parce qu'ils ne payent pas de copies , & payent moins la main-d'œuvre.

(3) Il n'eft ici queftion que du prix des réceptions ; mais il y faut ajouter un voyage quelquefois de 50 lieues pour aller fe faire examiner à la Chambre Syndicale dans le reffort de laquelle on eft ; la néceffité d'obtenir un Arrêt du Confeil , inutile , qui ordonne la réception ; un nouveau voyage pour la réception : dépenfes qui excéderont celles du Tarif.

il ne devoit y avoir que des Imprimeries pour les Livrets de dévotion, les Livres claſſiques & autres de cette nature.

Suivant les anciens Réglemens, les ſommes fixées pour les réceptions doivent être employées en totalité aux affaires de la Communauté; d'après le nouveau Réglement, le produit de l'augmentation des ſommes doit être verſé dans la caiſſe du Sceau, & la totalité de ces nouveaux droits employée à payer les Inſpecteurs de la Librairie & autres perſonnes qui veilleront à la manutention de ce commerce.

Nous ne pouvons nous diſpenſer de vous obſerver que les Inſpecteurs, les Employés ou autres, étoient autrefois abſolument inconnus, qu'ils n'ont aucun caractere en eux-mêmes, & que les procès-verbaux qu'ils pourront dreſſer ne pourront pas faire foi en Juſtice, parce qu'ils n'y auront pas prêté ſerment.

Le quatrieme Arrêt porte ſuppreſſion des anciennes Chambres Syndicales, & création de nouvelles Chambres dans tout le Royaume : il contient un réglement pour les élections des Syndics & pour la viſite des Inſpecteurs, qui auront, eſt-il dit, caractere & autorité, ſans qu'on détermine par qui ils ſeront nommés ; ſi ce ſeront des offices ou des commiſſions, comment ils ſeront reçus, quels ſeront leurs gages, & à quels ſignes on pourra les reconnoître.

Les anciens Réglemens avoient établi des formalités pour l'élection des Syndics, & les nouveaux y paroiſſent entiérement conformes. A l'égard des Inſpecteurs, c'eſt pour la premiere fois qu'il en eſt queſtion dans les Réglemens de la Librairie : ils ſont ſans doute néceſſaires; mais n'auroit-il pas fallu leur donner au moins des commiſſions, fixer leurs appointemens, leurs ſalaires, à chaque Procès-verbal, & les aſtraindre à prêter ſerment par-devant un Juge quelconque ?

Ce même Réglement porte ſur la vente des Livres après décès, & ſur l'ouverture des ballots qui ſont envoyés, ſoit de Paris dans la Province, ſoit de la Province à Paris : ce ſont des précautions qui n'avoient point encore été imaginées pour prévenir la fraude, & qui ſerviront peut-être à la favoriſer davantage ; & l'on peut dire que les formalités multipliées, ſur-tout pour les envois de Paris en Province, ſont diſpendieuſes pour les Libraires, fatiguantes pour les Livres, inutiles pour l'ordre public ; on peut même ajouter, qu'elles ſont on ne peut pas plus gênantes pour le commerce, par le retard qu'elles doivent y apporter néceſſairement, ſans qu'il en puiſſe réſulter aucuns fruits pour la police.

Le cinquieme Arrêt fixe pour l'avenir la durée des priviléges. L'Auteur d'un Ouvrage quelconque aura droit de le vendre & de le débiter chez lui : il jouira toute ſa vie du privilége qu'il aura obtenu en ſon nom ; & ſes hoirs & ayans cauſe en jouiront de même à perpétuité, pourvu qu'il ne rétrocede ſon privilége à aucun Libraire : dans le cas de la rétroceſſion, le privilége ſera réduit à la vie de l'Auteur ; & ſi l'Auteur ne ſurvit pas dix années, le privilége n'aura que cette même étendue de dix années.

En ſecond lieu, à l'expiration d'un privilége, & après la mort de l'Auteur qui l'aura obtenu & rétrocédé, tout Libraire pourra obtenir la permiſſion de faire une Edition ſemblable, ſans que la même permiſſion accordée à un ou pluſieurs, puiſſe empêcher d'obtenir d'autres permiſſions pour le même Livre.

3°. Les permiſſions accordées après l'expiration d'un privilége ſeront expédiées ſur la ſimple ſignature du Directeur de la Librairie.

4°. Il ſera payé un droit pour les permiſſions, ſuivant un tarif qui en ſera arrêté par M. le Garde des Sceaux, & les droits ſeront perçus par les Syndic & Adjoints de la Chambre Syndicale, ſans qu'ils puiſſent s'en déſaiſir que ſur les ordres de M. le Garde des Sceaux, pour les émolumens des Inſpecteurs, & autres perſonnes prépoſées à la manutention de la Librairie.

En rapprochant ce nouveau Réglement des anciens, nous trouvons que c'eſt la premiere fois qu'il eſt parlé du droit des Auteurs, & des droits de leurs poſtérités. La propriété y eſt entiérement reconnue tant dans la perſonne de l'Auteur, que dans la perſonne de ſes héritiers, & cette propriété paroît ſi évidente, qu'on permet à l'Auteur de vendre chez lui ſon Ouvrage; faculté qui dérive du droit naturel; faculté juſqu'alors inconnue dans tous les Réglemens publics. Après avoir ainſi reconnu le droit ſacré de la propriété, on la dénature, on l'affoiblit, on la reſtraint, lorſque l'Auteur juge à propos de céder ſon privilége : le ceſſionnaire d'un Auteur ne pourra jouir que pendant dix années, & l'Ouvrage deviendra commun à l'expiration du privilége.

Auſſi-tôt que le privilége ſera expiré, tout Libraire, cent Libraires, pourront obtenir la permiſſion d'imprimer le même Ouvrage, même ſans Lettres-Patentes, & cette permiſſion aura lieu ſur une ſimple ſignature du Directeur de la Librairie. Ce nouveau Réglement eſt diamétralement oppoſé à tous ceux qui ſont intervenus ſur cette matiere : toutes les Ordonnances portent, qu'on ne pourra imprimer ni réimprimer aucun Ouvrage ſans Lettres-Patentes ſcellées du grand Sceau, ſous les peines les plus conſidérables.

Dans les anciens Réglemens, les Lettres-Patentes doivent être enregiſtrées dans le Regiſtre de la Chambre Syndicale de Paris, où chacun pouvoit avoir recours : ſuivant le nouveau Réglement, les ſignatures particulieres ne ſeront enregiſtrées que dans le Regiſtre de la Chambre Syndicale du domicile de celui qui aura obtenu la permiſſion; & peu de perſonnes ſeront à portée d'aller conſulter tous les Regiſtres du Royaume (1).

Suivant les anciens Réglemens, les continuations de priviléges étoient adoptées comme une continuation de la propriété; d'après le nouveau, elles ſont entiérement proſcrites, & les permiſſions ſont excluſives de toute eſpece de propriété. Suivant les anciens Réglemens, la concurrence n'étoit tolérée que ſur une eſpece d'Ouvrage; elle étoit abſolument défendue ſur les autres, comme le fléau le plus dangereux de la Librairie : elle eſt favoriſée & généralement admiſe par le nouveau; & le même motif qui paroiſſoit autrefois devoir anéantir tout le commerce de la Librairie, paroît aujourd'hui devoir exciter l'émulation & donner de l'activité à toutes les preſſes du Royaume.

Enfin, les anciens Réglemens n'obligeoient de payer qu'une ſomme fixe & déterminée, pour l'obtention d'un privilége; & par le nouveau

---

(1) On a vu dans l'hiſtoire impartiale des Réglemens de la Librairie, les grands inconvéniens qui ſont déja réſultés de cette inobſervation de la loi.

Réglement, le prix de la permiſſion eſt évalué à raiſon du nombre dès volumes & du format dans lequel on voudra faire imprimer chaque Ouvrage.

Ces différences ne vous ſont point ſans doute échappées ; & nous ne nous permettrons aucunes réflexions à ce ſujet.

Le dernier des ſix Arrêts a pour objet de faire grace ſur les contrefaçons qui avoient été multipliées avant ce Réglement, tandis que tous les anciens Réglemens prononcent les peines les plus graves, même la punition corporelle contre ceux qui auroient entrepris de contrefaire un Ouvrage. Les anciens Réglemens déclaroient fauſſaires les contrefacteurs, prononçoient une amende, & autoriſoient les porteurs de priviléges à demander des dommages-intérêts : le Roi, par le nouveau Réglement, remet généralement toutes les peines encourues. Sans doute que le Roi peut faire grace de la peine du faux ; ſans doute que le Roi peut remettre la peine de l'amende : mais le Roi pouvoit-il faire grace des dommages-intérêts qui ne lui appartiennent point ? Et le motif qui détermine à légitimer en quelque ſorte le fruit du dol & de la fraude & à en permettre la vente publique, c'eſt que ceux qui ſe ſont rendus coupables des contrefaçons ſeroient entiérement ruinés : enſorte que la multiplicité des délits en a fait prononcer l'abolition.

Ce parallele eſt plus que ſuffiſant pour connoître la différence qui ſubſiſte en ce moment entre les anciennes Ordonnances & le nouveau Réglement. Les Loix anciennes ont toujours été muettes ſur la queſtion de propriété des Auteurs : nous n'avons vu juſqu'à préſent cette queſtion préſentée dans aucune Loi, de quelque maniere que ce puiſſe être ; & ſi cette propriété a exiſté & ſe conſerve encore chez une grande partie des Libraires, ce n'eſt que par la tradition & par l'uſage. Nous l'avons déja dit, l'ancienne Légiſlation n'a pas oſé s'expliquer par une Loi poſitive. Toutes les Loix ont ſuppoſé cette propriété, mais aucune ne l'a conſacrée ; cependant vous avez vu que juſqu'à la fin du dernier regne on a accordé des continuations de priviléges à ceux qui étoient propriétaires du manuſcrit original de l'Ouvrage imprimé. Les continuations de privilége n'étoient pas ſeulement de pure tolérance, elles étoient auſſi de juſtice. Il eſt difficile en effet de ſe perſuader, qu'en impoſant la néceſſité d'obtenir un privilége ou une ſimple permiſſion, nos Rois aient entendu dépouiller un Auteur de la propriété d'un Ouvrage dont il étoit créateur : cette propriété peut être enviſagée ſous deux aſpects différens, ou dans la main de l'Auteur, ou dans la main du Libraire. Dans la main de l'Auteur, elle eſt inconteſtable, elle n'eſt pas même conteſtée : diſons mieux, elle eſt reconnue, elle eſt conſacrée aujourd'hui, & l'Auteur a droit de jouir de ſon Ouvrage, lui & toute ſa deſcendance, ſes héritiers & ayans cauſe, tant qu'ils ne ſe ſont point déſaiſis du manuſcrit, & qu'ils n'ont point cédé le privilége.

Dans la main de l'Imprimeur cette propriété n'eſt-elle plus la même ? Et parce que le Libraire n'eſt point l'Auteur, ne peut-il pas devenir le Propriétaire de l'ouvrage ? Eſt-il en la puiſſance du Souverain d'enlever à un de ſes ſujets une choſe qui lui a été donnée, ou cédée, ou qu'il a acquiſe à prix d'argent ? En un mot la propriété dépend-elle du privilége, & le privilége lui-même peut-il être regardé autrement que comme une ſauve-garde de la propriété que la juſtice du Roi ne lui

permet pas de refufer au véritable Propriétaire, à quelque titre qu'il foit
devenu Propriétaire ? Ce droit de propriété a été de tout temps regardé
comme inconteftable par les Libraires de toutes les nations. Dès l'origine même de l'Imprimerie, ils fe font plaint amérement de l'abus des
contrefaçons, le droit d'un Libraire fur un ouvrage littéraire, foit qu'il
l'ait acquis, foit qu'il le tienne de la volonté de l'Auteur, n'eft-il pas
le droit de l'Auteur fur fon propre ouvrage, & fi le droit de l'Auteur
n'eft pas contefté, comment pourroit-on contefter celui du Libraire ?
Le cédant, peut-il avoir plus de droit que le ceffionnaire, & le ceffionnaire qui repréfente l'Auteur ne doit-il pas jouir de tout ce qui lui
a été cédé ?

Le privilége que le Roi accorde eft un acte de protection, l'approbation eft un acte de Police ; mais ni l'un ni l'autre ne peut changer
la nature de la propriété.

Avant l'ufage des priviléges l'autorité n'a jamais prétendu avoir aucun
autre droit fur les productions de l'efprit que celui de l'infpection. Les
gens de Lettres font donc reftés, après qu'on eut introduit les priviléges, propriétaires de leurs manufcrits, de même qu'ils l'étoient avant
cet établiffement.

Si l'Auteur eft propriétaire, il a droit de difpofer de fon bien comme d'un effet qui lui eft propre ; il ufe de ce droit en le tranfportant
à un Libraire. Dès que l'Auteur s'eft une fois dépouillé de fa propriété
à quelque titre que ce foit, l'acquéreur de cette propriété devient in-
conteftablement propriétaire avec la même étendue, avec la même plénitude que l'Auteur qu'il repréfente.

C'eft ainfi que les Libraires de Paris prétendent établir le droit qu'ils
réclament fur tous les ouvrages qu'ils font en poffeffion d'imprimer, &
ce raifonnement eft fondé fur la nature même, & fur les principes du
droit de propriété; mais quelque puiffant qu'il paroiffe, on peut néanmoins y répondre avec la même force, & nous devons mettre fous vos
yeux l'analyfe de la prétention contraire.

Tout Auteur, il eft vrai, eft propriétaire de fon ouvrage, mais il
n'eft propriétaire que du manufcrit de fon ouvrage, & s'il donne ou s'il
vend ce manufcrit, il n'a plus aucune propriété réelle, il ne lui refte
que le mérite & l'avantage d'en avoir été le créateur.

Il en eft de même du Libraire fubftitué à l'Auteur, & le Libraire
n'a d'autre propriété que celle que l'Auteur lui a tranfmis, encore ne
l'a-t-il pas avec la même plénitude que l'Auteur, parce que celui-ci a
créé l'ouvrage, cette qualité d'Auteur qui ne peut lui être enlevée, le
met à portée de recréer fon ouvrage fi le manufcrit étoir perdu, ou brû-
lé ; l'Imprimeur au contraire n'a d'autre droit que celui d'être devenu pof-
feffeur du manufcrit qu'il a acheté, il a fait un échange, & le marché
a été confommé par la tradition.

Il eft encore une feconde propriété commune à l'un & à l'autre, c'eft
celle des copies imprimées que l'Auteur a fait exécuter, ou que le Libraire a exécuté pour fon compte avec le fecours de la preffe, fi l'un
& l'autre gardent en leur poffeffion ces copies, ils ont encore une propriété réelle fur l'ouvrage qu'ils ont ainfi multiplié ; mais du moment
que l'ouvrage imprimé eft livré au public par la vente des copies qui

en

en ont été tirées, que devient la propriété de l'ouvrage ? Ne peut-on pas dire que l'Auteur n'a rien à prétendre au-delà du prix du manuscrit, & de la qualité indélébile d'Auteur qu'on ne peut lui contester ? Ne peut-on pas dire de même que le Libraire n'a rien à répéter que le prix des copies imprimées de l'ouvrage qu'il a mis au jour, & qu'il peut réimprimer tant que le privilége subsistera ? Ne s'ensuit-il pas de-là que la propriété de l'ouvrage s'évanouit après l'impression, & en effet tout Livre donné au public devient un Livre public, qu'il soit ancien ou qu'il soit nouveau peu importe, il n'y a plus de distinction à faire, un livre, dont le privilége est expiré est un livre ancien, la propriété cesse avec le privilége, & l'Auteur, ainsi que le Libraire, renoncent également à toute propriété exclusive par la multiplication des copies, soit qu'elles aient été faites à la main, soit qu'elles sortent de la presse de l'Imprimerie (1).

Avant la découverte de l'Art de la Typographie, il étoit libre à tout possesseur d'un manuscrit, soit que ce fut l'original de l'ouvrage, soit que ce fut un duplicata de ce même original, de tirer des copies de l'un & de l'autre ; parce que le possesseur étoit propriétaire du manuscrit qu'il avoit entre les mains. Pouvoit-on empêcher l'acquéreur d'une copie d'en faire une nouvelle à son tour, de la vendre & de récupérer ainsi une portion de la totalité du prix que la premiere lui avoit couté ? ne doit-il pas en être de même d'un ouvrage multiplié par la voie de l'impression ? quiconque en a un exemplaire imprimé n'est-il pas propriétaire de cet exemplaire, & sa propriété ne lui donne-t-elle pas la faculté de la multiplier à son tour, sur-tout lorsque sa profession de Libraire & d'Imprimeur le met à portée de centupler la copie qu'il a entre les mains ? Un ouvrage est commun sitôt qu'il est public. Et qu'y a-t-il de plus commun qu'un ouvrage dont les copies sont multipliées à l'infini ? Il est donc évident que la propriété se multiplie par l'impression, & par une conséquence nécessaire, il ne peut plus y avoir de difficulté que sur la faculté de réimprimer le même ouvrage après l'expiration du privilége.

Peut-on regarder cette faculté de réimprimer comme une véritable propriété, comme un véritable droit, comme un droit réel & personnel, & tellement inhérent à la propriété du premier manuscrit, que ce premier manuscrit entraîne nécessairement le droit de la réimpression ? A cet égard il faut décliner les principes : un Auteur ne peut faire imprimer sans permission ; le privilége lui donne cette permission, & lui garantit en même temps sa propriété par les défenses à tous autres d'imprimer, que contient ce privilége. Jusques-là la propriété de l'Auteur est conservée, il possede encore seul son manuscrit, il le multiplie en le faisant imprimer, & s'il conserve toutes les copies qu'il en a fait tirer, sa propriété est entiere.

Les choses vont changer de face. L'Auteur ne fait imprimer son ouvrage que pour le répandre & le donner au public. Dès ce moment le

---

(1) Voyez ce qui a été dit plus haut dans la note de la page 68.

L

public est associé à cette propriété, chaque acquéreur devient propriétaire réel des copies qu'il a achetées. Quel est le droit de cet acquéreur ? c'est d'user de sa chose à sa volonté, de la multiplier à son tour, s'il le juge à propos, & si c'est un Livre, d'en tirer des copies pour les revendre. On ne contestera point à l'acquéreur d'un Livre quelconque le droit d'en tirer des copies manuscrites & d'en disposer à son gré, mais s'il veut faire imprimer l'ouvrage qu'il a acquis, il ne pourra le faire qu'en vertu d'un privilége, parce que sans privilége on ne peut rien imprimer. A qui ce privilége doit-il être accordé ? Tant que le premier subsiste, il seroit de toute injustice d'en accorder un second. L'Auteur n'a donné son ouvrage au public que pour se récompenser de son travail ; & comme rien n'est plus facile que la contrefaçon, l'Auteur n'a donné son ouvrage que sous la sauve-garde de la puissance Royale qui lui a garanti l'exercice de sa propriété pendant la durée du privilége qu'elle lui a accordé.

Oseroit-on soutenir qu'il y auroit de l'injustice à refuser un nouveau privilége à l'expiration du premier ? Non, sans doute. Comme l'Auteur a la liberté de ne pas publier le fruit de son travail, le Roi a de même la liberté de lui refuser la permission de l'imprimer ; mais parce qu'il a accordé cette permission une première fois, s'ensuit-il qu'il doive toujours l'accorder, & l'accorder exclusivement à la même personne (1) ? Il est naturel sans doute, de donner la préférence à l'Auteur lorsqu'il ne s'est point dépouillé de la propriété de son manuscrit ; mais s'il a cessé d'être propriétaire du manuscrit original, s'il a transporté le privilége qu'il avoit obtenu parce qu'il étoit Auteur, quel droit l'acquéreur de ce privilége a-t-il plus que tout autre à une continuation de privilége ? Il a acquis le manuscrit de l'Auteur, dira-t-on, il exerce les droits de l'Auteur : mais n'est-il pas suffisamment dédommagé du prix qu'il a donné de ce manuscrit par le bénéfice des copies multipliées qu'il a vendues (2) ? & d'ailleurs qu'est-ce que le produit d'un manuscrit, ils se donnent plutôt qu'ils ne se vendent, & pour en citer un exemple connu, n'est-il pas étonnant que le manuscrit de l'Art de vérifier les dates (3), dont chaque exemplaire se vend 60 liv. n'ait été payé aux Re-

---

(1) S'il est essentiel au commerce de la Librairie de fixer qui peut imprimer un Livre quelconque, afin que plusieurs ne se ruinent pas à le faire en même temps, il semble naturel que le choix tombe sur l'Auteur ou ses représentans.

(2) Ce raisonnement seroit bon, si on vendoit toujours tous les Exemplaires d'une Edition.

(3) Il faut avoir bien du front, pour oser fournir une pareille anecdote à un Magistrat. M. Desprez, indépendamment de l'acquisition du manuscrit de la première édition, a donné pour la seconde dont il est ici question, non pas en payement (on ne prétend pas ici apprécier de pareils travaux), mais en présent par forme de reconnoissance, à l'Astronome qui a calculé les éclipses, 1000 livres ; à l'Editeur, 2400 liv. 60 exemplaires qu'on évalue ici 60 livres, & par conséquent 3600 liv. ; 12 exemplaires en papier d'Hollande, qui se vendoient 120 liv., & par conséquent 1440. Il faut y ajouter que M. Desprez a donné, pendant huit ans, à l'Editeur un Exemplaire de tous les Livres qu'il a imprimé, au nombre desquels se trouvent *les Mémoires du Clergé*, 14 vol. in-4°. *Les Procès-verbaux du Clergé*, 6 vol. in-fol. *La Bible in-folio*, &c.

ligieux qui y ont travaillé plus de vingt ans, qu'une modique somme de 600 liv. qu'on juge à présent du bénéfice d'un Imprimeur sur certains manuscrits, & s'il y a de la perte sur quelques ouvrages, un seul qui réussit les dédommage avec usure. Il est donc de toute nécessité de distinguer entre l'Auteur d'un manuscrit, & le Libraire ou l'Imprimeur qui en a fait l'acquisition. Tant que l'Auteur garde en sa possession le privilége qu'il a obtenu, lorsqu'il débite pour son compte ou fait débiter son ouvrage après l'avoir fait imprimer, il conserve sans contredit autant qu'il est en lui, la propriété de l'ouvrage qu'il donne au public. Il ne s'en dessaisit point, il communique ses lumieres sans renoncer au droit de les repandre, il a demandé un privilége pour assurer sa propriété, l'autorité a adopté sa demande, elle veille sur ses intérêts, il est sous la sauvegarde de la puissance publique, & tant qu'il demeure propriétaire du manuscrit & du privilége, nul autre que lui ne peut en disposer, & remettre au jour un ouvrage qui n'appartient qu'à lui seul.

Il n'en est pas de même du Libraire ou de l'Imprimeur : ils ont acquis deux choses, le manuscrit d'un côté, & de l'autre la jouissance du privilége pendant la durée qui est attachée à son exercice. Mais à l'expiration du privilége, quel droit peuvent-ils avoir à la continuation du privilége ? Peuvent-ils même dire que cette espérance a fait partie du prix qu'ils ont donné ou du manuscrit ou du privilége qui leur ont été cédés (1) ? Le produit que la plupart des Auteurs ont retiré est si modique, qu'on ne peut pas même soutenir que cet espoir soit entré pour quelque chose dans le marché, & le Roi n'a aucun motif pour donner aux Acquereurs une nouvelle grace que la Justice réclame en faveur de l'Auteur, demeuré propriétaire de son manuscrit. C'est cette distinction entre l'Auteur & son Cessionnaire qui est adoptée par le nouveau Réglement. Le privilége accordé à l'Auteur est indéfini tant qu'il reste propriétaire, & ses héritiers, jusqu'à la derniere génération, jouiront du fruit de ses veilles & de la production de son génie ; mais cet Auteur est moins favorisé, s'il rétrocede son privilége (2) ; en abdiquant

---

(1) Ils le peuvent dire, car depuis 150 ans cela se pratique ainsi, & cette pratique est fondée sur la politique & la justice : car si d'un côté c'est le moyen de déterminer à faire des entreprises en Librairie, c'est la seule maniere d'indemniser les Entrepreneurs, qui, quoi qu'en disent ceux dont les raisonnemens sont extraits ici, rencontrent plus d'entreprises nuisibles que de favorables. Les fauteurs du système de la concurrence n'ignorent pas que c'est à la nature des entreprises, qui réussissent fort rarement, & aux contrefaçons, que sont dus tous ces rabais proposés depuis dix ans sur les Livres que l'on donne à perte ; leur nombre en a tellement été multiplié, qu'il en est devenu fastidieux. Les Libraires ont éprouvé dans le même intervalle des pertes encore plus grandes ; ils ont peut-être vendu cinquante mille rames de papier, en rames, c'est-à-dire, qu'ils ont donné à 4 liv. & 5 liv. ce qui leur coûtoit 25 & 30 liv. Après cet exposé, que l'on enleve aux Libraires le peu d'articles qui leur réussissent, & qu'on se flatte, si on l'ose, de voir subsister la Librairie en France.

(2) Quel peut être le motif de cette défaveur qui anéantit le fruit de son travail, quand il ne veut ou ne peut être marchand ?

la propriété de l'Ouvrage pour en revêtir un Libraire, il ne conferve que le titre d'Auteur ; le privilége paffe en d'autres mains ; le Roi, dans ce cas, ne s'oblige point à le renouveller, & la reftriction qu'il met à la durée de la grace, n'eft point deftructive de la propriété : cette grace eft affurée à toujours dans la perfonne de l'Auteur ; elle n'eft affurée que pour un temps dans la main du Ceffionnaire ; c'eft une modification de la grace. Toutes les fois que le Roi accorde un privilége, il n'eft pas queftion de la propriété en elle-même, il ne s'agit que de la maniere d'affurer cette propriété. Le privilége en eft le garant & la fauve-garde. Mais cette garantie, cette fauve-garde, peut durer plus ou moins, felon la volonté de celui qui s'oblige à la faire valoir. Encore une fois, le privilége eft une grace ; elle eft de juftice pour l'Auteur, & de libéralité pour le Libraire (1) ; le Prince qui affure cette grace, qui fe foumet à cette garantie, a droit de la reftreindre ou de la modifier. L'Auteur propriétaire refte toujours propriétaire, l'acquéreur ne perd point une portion de la propriété acquife, s'il a une propriété réelle, il n'en perd que l'affurance & la fauve-garde (2) ; en un mot, la propriété ne dépend pas du privilége, mais la fauve-garde de la propriété en dépend ; & lorfque le Roi ne veut pas renouveller cette affurance, il n'enleve rien à l'Acquereur ; mais il lui donne moins qu'à l'Auteur dout il a acheté le privilége & le manufcrit.

On peut ajouter à ces réflexions que la propriété de l'Acquéreur a toujours été conteftée, que le renouvellement d'un privilége à fon expiration eft un abus dans la main du même Imprimeur, que c'eft concentrer l'exercice de la Librairie dans une feule famille & dans une feule Ville (3), que la facilité avec laquelle l'Adminiftration a accordé jufqu'à préfent des continuations de priviléges, contribue à entretenir

---

(1) On ne conçoit pas trop comment ce qui eft *de juftice* pour l'Auteur, eft *de pure libéralité* pour celui qui le repréfente & qui achete le droit qu'il a à *titre de juftice*. On met de niveau l'Auteur d'un Ouvrage de 200 pages, avec celui qui aura fait un Ouvrage en deux ou trois Volumes *in-folio*. Quel eft le Libraire qui achetera pour dix ans le droit de l'Auteur ? Quand l'Auteur le donneroit *gratis*, cet intervalle eft-il fuffifant pour indemnifer le Ceffionnaire ?

(2) Si par la ceffation d'un privilége, le propriétaire d'un manufcrit ne perd que l'affurance & la fauve-garde de fa propriété, comment l'Arrêt concernant les priviléges a-t-il pu annoncer qu'à l'expiration d'un privilége, tout Libraire pourra obtenir la permiffion de réimprimer le Livre, en payant le prix porté au Tarif ? Eft-ce là le fimple filence de la protection ceffante ? N'eft-ce pas le langage d'un propriétaire qui annonce fes propriétés à vendre ? Si le Libraire acquéreur du manufcrit de l'Auteur perd fa propriété à l'expiration de fon privilége, comment a-t-elle paffé dans la main du Roi, pour la vendre au premier requérant ? Il faudroit donc que le Gouvernement achetât tous les manufcrits, pour lors il les vendroit avec juftice.

(3) Si la Librairie ne s'exerçoit que fur un feul Livre, ce raifonnement pourroit avoir quelque fondement. Mais fi une feule Ville, fi une feule famille poffede un Livre quelconque, qui empêche les autres familles, les autres Villes d'en acquérir d'autres ? Si Paris produit plus de manufcrits que Beaune, Beaune produit plus de vin de Bourgogne que Paris, & Paris doit vivre avec fes manufcrits comme Beaune avec fes vins. Il faut que Beaune & Paris ayent des Imprimeries, comme Louis XIII l'ordonnoit, & ne pas enlever à Paris le droit d'y imprimer des Livres qui y ont été

le prix exorbitant ou le monopole des (1) Auteurs & des Libraires, a fait monter les meilleurs Livres ; qu'on a obtenu des continuations de privilége pour n'en pas faire usage, & dans la seule vue d'empêcher un autre Libraire d'en obtenir ; on peut aller plus loin encore, & soutenir que la concurrence, loin d'être le fléau de la Librairie, en est le plus ferme soutien, qu'elle seule peut faire naître de nouvelles éditions plus belles & plus correctes que les premieres, parce que ceux qui réimpriment le même ouvrage, se piquent d'émulation ; ils cherchent à en assurer le débit, & pour que l'édition qu'ils entreprennent mérite la préférence, ils la font exécuter d'une maniere supérieure, & finissent par donner au Public de vrais chef-d'œuvres de Typographie (2). Enfin, la suppression des continuations de priviléges, n'est point une loi nouvelle ; mais fût-elle une loi vraiment nouvelle, elle n'en est pas moins juste, au moins, pour l'avenir ; l'expérience en démontre l'utilité. Plus les hommes se succedent, plus la fraude se multiplie, & les Réglemens doivent en conséquence se multiplier dans une égale proportion : ce qui est bon dans un temps, n'a plus le même avantage dans un autre, & la multiplicité des abus appelle une nouvelle législation.

SI le premier point de vue, sous lequel nous avons fait envisager la Librairie, peut déterminer quelques esprits, le second paroîtra peut-être aussi favorable que le premier, & ne mérite pas moins d'attention. Nous ne pouvons cependant vous le dissimuler, l'usage a prévalu, & la véracité de notre Ministere nous oblige d'avouer que la transmission de la propriété de la main de l'Auteur dans celle de l'Imprimeur ou du Libraire, est au moins reconnue depuis le milieu du siecle dernier. Par une suite de cette propriété reconnue, les Manuscrits sont devenus des effets commerçables, comme une terre, comme une rente, comme une maison ; ils sont passés des peres aux enfans, avec le privilége qui en étoit l'accessoire ; ils ont été donnés en dot, ils ont été vendus, cédés, transportés. Tel est depuis long-temps l'usage du Commerce de la Librairie, & les droits du dernier Propriétaire ont été aussi

---

acquis, pour les transporter à Beaune, qui ne comporte pas une Imprimerie comme celle du Louvre.

(1) Ceux dont on analyse ici les raisonnemens, auroient bien dû nommer quelques-uns des objets du monopole ; mais ils n'en ont trouvé que dans les Livres rares qui ne se réimpriment plus depuis un siecle, comme si la cherté de ces Livres dans les ventes publiques étoit du fait de l'Imprimerie ou de la Librairie, ou même des priviléges ou de leur continuation.

(2) On en appelle à l'expérience. Lorsque le propriétaire d'un manuscrit a fait une belle édition d'un Livre, un contrefacteur en fait une autre, dont il diminue le caractere, & par conséquent les volumés : il épargne sur le papier ; & le bon marché de la sienne fait aussi-tôt cesser la vente de l'édition originale, parce que les curieux de belles éditions ne font pas le plus grand nombre, le général au contraire est pour le bon marché. De belles Editions de Barbou ont vingt ou vingt-cinq ans d'impression, & ne font pas consommées. Les inconvéniens de la concurrence seroient les mêmes que ceux énoncés dans le Préambule de la Déclaration de 1649, cité pag. 50.

facrés que les droits du premier. La plus grande partie de ceux qui se
sont adonnés à cette profession, a toujours pensé que le terme fixé à
la durée du privilége ne pouvoit être un terme à la durée de la propriété : ils conviennent que le Roi peut refuser de renouveller son privilége, parce que c'est un objet de pure police dans l'Etat, parce que
les circonstances peuvent s'y opposer, parce qu'il est sage & juste que la
permission d'imprimer ne dépende que de la volonté du Souverain, mais
ils soutiennent en même temps qu'il est de cette même sagesse, de cette
même justice, de ne pas priver le propriétaire d'un Manuscrit qui re-
présente l'Auteur de l'effet d'une grace à laquelle il a des droits, pour
l'accorder à un autre, qui n'a que sa qualité de Libraire ou d'Imprimeur pour la demander ; ce seroit alors morceler la propriété, & si
elle n'est pas entiere, elle est anéantie.

C'est à vous, Messieurs, à balancer ces grandes considérations, la
fortune d'une multitude de familles repose entre vos mains ; vous péserez
leurs droits, & l'équité, qui anime toutes vos délibérations, vous fera
aisément reconnoître le parti qu'on doit adopter entre une liberté indéfinie & une propriété exclusive.

Nous sera-t-il permis de proposer un genre d'établissement national,
qui préviendroit toutes les fraudes & leveroit toutes les difficultés. Est-il
impossible que l'Administration se charge elle-même de l'acquisition des
Manuscrits, qu'elle traite avec les Auteurs du prix de leurs Ouvrages,
sauf à se faire rembourser d'une portion ou de la totalité de ce prix
par l'Imprimeur qui se présenteroit pour entreprendre l'édition ? on lui
accorderoit un privilége exclusif plus ou moins étendu, suivant l'importance de la somme, & la difficulté du débit ; à l'expiration de ce
privilége, & lorsque la somme avancée seroit rentrée dans la caisse des-
tinée à cet effet, le Livre deviendroit commun, & tout Imprimeur
pourroit obtenir la permission de le réimprimer, sans donner matiere à
aucune contestation ; mais en attendant, comme il est glorieux à l'hu-
manité de n'opérer le bien qu'en faisant le moins de mal possible à
ceux dont l'ancien état contrarie le bien qu'on veut faire, il seroit
peut-être à désirer qu'on fît un Inventaire de tous les Livres de fond
de la Librairie, qu'on se fît représenter les titres légaux pour le droit
exclusif des Livres qui sont actuellement dans les magasins, qu'on accor-
dât une continuation de privilége pour donner le temps de vendre ce
qui reste des Livres après l'expiration du privilége ou de la continuation
de privilége qui ont été obtenus jusqu'à présent ; en un mot, que le
nouveau Réglement, en recevant à l'avenir son exécution, n'eût point
d'effet rétroactif pour les priviléges actuellement existans, c'est-à-dire,
qu'on fixât un délai, passé lequel tous les priviléges anciens, & les
continuations de priviléges obtenus jusqu'à ce jour, seroient absolument
nuls & de nul effet. Cet acte d'indulgence rétabliroit le calme dans les
esprits, & il seroit honorable aux Magistrats, chargés de veiller à la
tranquillité publique, de le solliciter aux pieds du Trône d'un Mo-
narque bienfaisant. Ce sont nos vues personnelles que nous vous pré-
sentons en ce moment, nous n'entreprendrons point de donner un avis
sur une matiere aussi délicate : cet avis doit être délibéré entre nous,

& nous ne pouvons que vous porter le vœu de nos Coopérateurs dans l'exercice du Ministere Public.

La Cour ne nous a demandé qu'un compte, nous l'avons rendu, nous croyons avoir satisfait à ce qu'elle attendoit de notre ministere : trop heureux, quelque parti que la Cour puisse embrasser, si nos recherches ont pu la mettre en état de discerner la vérité, & de la faire connoître !